时代·财经
TIMES FINANCE

只 为 您 提 供 最 有 价 值 的 阅 读

王雪红

信仰与背叛

张理静 著

时代出版传媒股份有限公司
北 京 时 代 华 文 书 局

图书在版编目（CIP）数据

王雪红：信仰与背叛 / 张理静著 . -- 北京：北京时代华文书局，2015.7
ISBN 978-7-5699-0352-2

Ⅰ．①王… Ⅱ．①张… Ⅲ．①王雪红－生平事迹②企业管理－经验－中国 Ⅳ．
① K825.38 ② F279.23

中国版本图书馆 CIP 数据核字 (2015) 第 156969 号

王雪红：信仰与背叛

著　　者 | 张理静

出 版 人 | 田海明　朱智润
策划监制 | 余　玲　李　强
责任编辑 | 徐敏峰　刘显芳
营销推广 | 赵秀彦
装帧设计 | 未　氓
责任印制 | 刘　银

出版发行 | 时代出版传媒股份有限公司 http://www.press-mart.com
北京时代华文书局 http://www.bjsdsj.com.cn
北京市东城区安定门外大街 136 号皇城国际大厦 A 座 8 楼
邮编：100011　电话：010-64267955　64267677
印　　刷 | 北京朝阳新艺印刷有限公司　010-87704412
（如发现印装质量问题，请与印刷厂联系调换）
开　　本 | 880×1230mm　1/32
印　　张 | 8
字　　数 | 160 千字
版　　次 | 2015 年 8 月第 1 版　　2015 年 8 月第 1 次印刷
书　　号 | ISBN 978-7-5699-0352-2

定　　价 | 36.00 元

代序 BELIEF AND BETRAYAL

THE LIEU OF A PREFACE

创业成功，这是无数人梦寐以求的事情。尤其近几年，从年轻的大学生到年逾花甲的长者，几乎每个年龄段都不乏激情澎湃的创业者。然而，创业的道路并非一帆风顺。正所谓“大浪淘沙”，在通往成功的道路上，因为种种原因中途放弃的人随处可见。

创业无门槛，但成功是有条件的。我们渴望成功，却常常囿于资历与经验，长期无法达到目标，这正是绝大多数创业者所面临的窘境。

事实上，成功是有规律的，成功的秘诀也并非高深莫测。在当前市场上，介绍创业的书籍不在少数，但要么泛泛而谈，流于枯燥理论，要么洋洋洒洒，动辄数十万言。殊不知，对于时刻被烦冗事务层层包围的创业者来说，读几本大部头书籍早已是一种奢望。而让他们静下心来细细品读学术专著更不太现实。

一方面，大量的创业者需要业务方面的具体指导，另一方面，市场上充斥着大量图书他们却无暇阅读。有鉴于此，我们推出了这套企业家管理“微哲学”系列图书。本系列图书最大的两个亮点就是：一是精，即精华、精品；二是微，即微博体、微哲学。

首先，所谓精华，就是博采众人之精华；所谓精品，意在打造读品之精致。

随着互联网和新兴产业方兴未艾，一批又一批创业新秀层出不穷，这就为我们广大创业者提供了不少值得学习和借鉴的榜样。

秉承新颖、快捷和实用的原则，我们从各行业撷取了成就最突出、最具代表性的企业家作为样板。他们中间，有巾帼不让须眉的女中豪杰王雪红；有二十几岁就成为全球社交网络巨头的马克·扎克伯格；有从一个柜台、两个店员起步，如今与国内几大电商鼎足而立的刘强东；有40岁创办小米科技的著名天使投资人雷军……

毋庸置疑，这是一个缔造传奇的伟大时代。我们和千千万万的同龄人一起行走在这个时代。但在同样的条件下，一些人由平凡走向了卓越，走出了非凡的人生；有些人则由辉煌走向了没落，甚至尝尽失败的苦涩；而更多的人则碌碌无为，终其一生都毫无建树。

显然，不同的行为导致了不同的结果，而行为的差异则源于思维的差异。正是由于在经营管理中所处的立场、达到的境界不同，导致了创业者操盘企业的手法各异，进而导致了经营结果的成败利钝。

由此，我们以这些优秀创业者的言行为对象，从专业的角度对其进行深入剖析，揭示其运行机理、再现其来龙去脉，让广大创业者在体会现代商战惊心动魄的同时，轻松掌握企业经营、决策和管理的精髓。

总的来说，本系列图书力图从以下几个板块对创业者进行纵向剖析：

1.修身做人；

2.愿景；

3.领导艺术；

4.战略；

5.产品设计；

6.营销策略；

7.创新；

8.危机应对；

9.谈判沟通；

10.影响力等。

正如世界上没有完全相同的两片叶子，每个人的天赋和条件不同，其走向成功的道路亦千差万别。因此，具体到每位创业者，我们根据其经历和特点的不同，对其板块的内容进行了适当增删。

但万变不离其宗，每个成功人士身上都有许多异乎常人的行为特点，这些都构成了其最终成功的必然要素。而每一位创业者的哲学智慧，都从一定的角度给我们深刻的启迪与教诲。

其次，本系列图书力图从多个层面体现一个“微”字。

随着人们工作和生活节奏的加快，越来越多的人开始选择用微博这种形式来快速表达思想，与人分享情感。本系列图书以此为创意，在内容形式上首次推出“微博体”，把企业家的经典言论通过微博的形式表达出来，既简洁准确又通俗易懂。而在字里行间，我们又不难看出这些成功人士别具一格的个人魅力。借助这样一种生动活泼的语言形式，使我们读书的过程变得不再乏味、不再沉重。

更重要的是，本系列图书坚持以小见大，从细微处见精神，进而达到见微知著的效果。书中采用了大量新颖、独家的材料，通过精彩的案例片段，展现企业家独特的管理思想，其中不乏对当前行业的亲身体会和对未来发展趋势的真知灼见。这些睿智的思想，犹如一粒粒的明珠，随意散落于字里行间，读来令人醍醐灌顶，豁然开朗。

本系列图书是新唐智库最新的鼎力之作。放眼未来，也许它只是个开始。随着经济日趋繁荣，中国乃至国际舞台会涌现出越来越多杰出的创业人士。从他们的思想中汲取更多的精华和养分，是创业者迅速成长的必需，也是我们义不容辞的责任。我们将再接再厉，努力推出更多的精品，与广大读者一起分享。

有人说：“创业是勇者的游戏。”在创业的道路上，有太多的辛酸苦痛等着我们去面对。我们除了要做好充分的精神准备之外，更要懂得并学会经营的哲学和艺术。这也正是本系列图书最大的要义所在。

然而，请允许我提醒各位一点：我们提供的是成功的方法，而非成功的结果。事实上，任何一种成功都具有不可复制性。在现实经营中，我们必须根据自身的特点和具体情况灵活变通，因人、因时制宜。如果我们简单地生搬硬套、按图索骥，那就无异于刻舟求剑，结果自然可想而知了。

最后，希望越来越多的创业者关注我们，关注我们的作品。我们的名字将与成功同在！我们也希望与您共同成长、一起壮大，直至成功。

《再联想》一书作者：张小平

2012.11.12

引言 BELIEF AND BETRAYAL
INTRODUCTION

她是神的女儿。

在上帝面前，她虔诚为善；在员工面前，她是一位和蔼可亲、低调、朴实、没有架子的老板；在众人面前，她是一位爱笑的豁达爽朗之人；在对手面前，她是一位敢于主动迎战，毫不妥协的人；在商业世界中，她是一位睿智、高瞻远瞩之人……

她就是第12届“2011CCTV中国经济年度人物”中作为台湾地区唯一当选的商业人物的台湾女首富、宏达电董事长王雪红，她也是首位荣膺此殊荣的台湾企业家。在颁奖典礼上，主持人这样阐述了王雪红入围的理由：“如果说，柳传志是中国第一代创业家的代表，王雪红则是新一代创业家的标杆。她不仅为新一代企业家树立了成功样本，也树立了价值典范。”

虽然王雪红当晚没有亮相颁奖礼现场，而是由其丈夫、威盛集团总经理陈文琦代为领奖，但王雪红通过VCR，发表了自己的获奖感言。一向低调的王雪红，仍然穿着她那身黑色西装，面对镜头，王雪红说出了自己的心声："我投身高科技领域以来一直战战兢兢，我深知不进则退。我清晰地记得我父亲生前说过的一句话，美国人、欧洲人、日本人能做的事情，中国人也一定能够做到。我们要在高科技领域拥有更多的核心技术，才能拥有话语权，有更广阔的发展空间；我们要为中国人在世界高科技的舞台上争得一席之地，虽然这条道路充满艰辛，我们仍旧执著前行。"简短的几句话，却是王雪红一生的事业写照——实现"中国梦"。

梦想伟大，实现起来也更艰难。14年前HTC创立，从ODM走到今天，树立起国际化品牌，王雪红一路走来，经历了许多艰辛。这位台塑集团创始人王永庆的女儿，是标准的"富二代"，本可以含着金钥匙长大，但谁也没有想到，她却白手起家，拿着抵押房子换来的500万新台币独立创业，而且从一开始，她所选择的就是一条挑战权威的艰辛之路。

因为她说：要成功，就得选最困难的事。

在创业这条道路上，王雪红所面对的都是世界上最强劲的对手，一个是微软，一个是苹果。面对它们的挑战，王雪红敢于拍案而起。20年的事业打拼，王雪红也收获了很多荣誉："科技界最强势的女人"、《商业周刊》25位"亚洲之星"和《华尔街日报》"亚洲女主管10强"等，成为全球华人界最受关注的企业家之一，她甚至还被业内人士称为“女版乔布斯”。

她领导的企业是一家值得所有人敬佩的企业，因为这家企业的目标是：实现“中国芯梦想”。围绕在她周围的是一群和她有着同样梦想的人，他们在王雪红的创业道路上起着非常重要的作用。这也是王雪红在经营企业时最大的心得——用人不疑，充分授权。在她的企业里，有一批得力干将，为她打拼天下、谋利益，不断地和她一起开拓新的事业版图。

很多时候，她的工作是管理企业人员，因为她的父亲曾对她说过：“公司经营的成败，人的因素最大，属于人的经验、管理、智慧、品行、观念、勤劳等无形资源，比有形资源更为重要。”王永庆的话，王雪红深深地记在了心里。可以说，王雪红企业经营哲学的形成和王永庆有着很大关系，但王雪红比王永庆更懂人心，因为她善用柔性管理。因此，王雪红的员工都非常喜欢亲近她，她总喜欢笑，经常设身处地地为员工着想。当员工们在工作中遇到难关而感到压力时，王雪红会尽最大努力为他们化解。

这位“科技界最有权势的CEO之一”，在经营企业时有着自己独特的魅力，有着常人无法比拟的勇气和智慧。也正是靠着自己独特的企业经营哲学，王雪红才有了今天的成就。她两次将威盛和HTC推上“股王”的位置，一度超越诺基亚成为全球市值仅次于苹果的第二大手机生产商。在科技界，“女强人”王雪红永远都奉行着一句话：“不进则退”，要成功就要hold住困难，熬过最困难的时期，等时机到来时，就会在市场上重新崛起。如果想要获得更大的发展，真正实现“中国芯”之梦，就要不断创新，谦卑的为用户想，追求“止于至善”的境界，因为“我有梦想，但也非常务实”。

对于企业财富，王雪红和她的父亲王永庆一样，认为财富要用在有意义的事情上。在被评为“台湾首富”之后，她并不希望自己在公众面前呈现出的是“首富”、“富豪”这样的形象，她没有太多的物质欲望，她希望能够尽自己最大的努力去做慈善事业。难以想象，现在的她还会用小学生常用的笔记本做工作日志，座驾也有十几年没有换了，公共场合的她更是低调简朴，永远的黑西装黑皮鞋黑色的手提包。

心怀大爱，朴素为商，敢于挑战权威，王雪红用自己的精神和信仰为IT界塑造了一个创业成功企业家的人生样本。

目录 BELIEF AND BETRAYAL

CONTENTS

一、做唯一的自己

二、愿景的取舍

三、女神的柔性魅力

四、危机中的信仰

五、逆商的崛起

六、竞合利他

七、每一个时刻都是摩尔速度

八、忘记过去，努力向前——品牌化之路

九、影响力

十、生活管理哲学

一、做唯一的自己

一位创投界人士曾这样说王雪红："在华人世界里几乎无人能出其右，即便美国，科技产业也少见事业具一定规模的女创业家。"在台湾的商界中，流传着这样一句话："生子当如孙仲谋，生女当如王雪红。"在竞争激烈的大环境中，王雪红就像一朵铿锵玫瑰一样傲视群雄，成功打造出了台湾的两只上市股王——威盛电子和HTC。毫不夸张地说，王雪红一生都在做自己，这样的自己也是独一无二的。

找到信仰的力量

王雪红 V

每次遇到困难的时候，神都会告诉我，要感谢所有的经历。于是在祷告的时候就开始感谢，我相信神给我的所有经历都是好的，经历了困难，我们会变得更好。

背景：

1958年9月4日，一个婴儿呱呱坠地了，谁都没有想到这个含着"金钥匙"出生的"富二代"女孩会独自创业，更不会想到她日后还会成为中国台湾的第一女富豪。

放弃了优越的环境，白手起家，对于出身豪门的王雪红来说，这是一个艰难的旅程。选择独自创业这条道路后，她遇到的困难和挫折也是常人无法想象的。正是靠着笃实的信仰，王雪红找到了做事创业的力量源泉。"没有愿景，人会迷失，因为前进的道路中会有很多意想不到的坎坷和困难。而有了愿景，我们就会坚持下去。”在信仰的国度里，她一直坚持走自己的道路。不管风雨多大，她都不会放弃。就像她在给她父亲的祷文中所写的那样：“一生要勤勉努力，一切都要靠自己打拼。”

她把信仰基督当作了自己心灵的归宿，其实，王雪红并不是家族里的第一个基督徒，王雪红的祖父王长庚就是一个虔诚的基督徒，而到她的父辈后，全家都信奉基督。凭着坚韧和执著，王雪红在男性主导的IT产业里，打造起了属于自己的企业帝国。在这辉煌的背后，是艰辛的挑战。然而有着坚定信仰的王雪红，一次又一次地经受住了神给她的考验，“很感恩！所发生的事情，一定有上帝的美意。”王雪红很感激神赐予她的“美意”。

无论是在生活上还是在事业上，基督信仰一直都给王雪红带来了无比巨大的力量。

自小就被送到美国留学的王雪红，有着争强好胜的性格，做事情喜欢追根究底，不仅对自己要求严格，对别人也是丝毫不放松。这种长期的紧迫感，曾经让王雪红彻夜难眠。为了解决这个问题，她曾经想尽各种方法，但都不尽如人意。当时的王雪红濒临崩溃的边缘。于是，她开始向同是基督徒的大姐王贵云求助。通过不断地祷告和阅读《圣经》，她开始意识到了信仰的力量，感受到了上帝的关爱。于是，她很快摆脱了失眠的困扰。

受父亲的影响，王雪红从小就有跑步的习惯。在台湾的时候，每天早上五点，她都会准时起床，五点半到运动场开始跑步，一跑就是四五千米，并且风雨无阻。或许是因为这一份坚持感动了上帝，原本很严重的脊椎病竟然不药而愈。

这份信仰的力量在王雪红的事业中也发挥着重要的作用。1999年，英特尔打着维护专利的旗号，对威盛提起了诉讼。面对英特尔的缠讼，王雪红没有焦虑，而是泰然处之。“每次遇到困难的时候，神都会告诉我，要感谢所有的经历。于是在祷告的时候就开始感谢，我相信神给我的所有经历都是好的，经历了困难，我们会变得更好。”每当威盛遇到困难时，王雪红都会想起这句话。

在威盛电子北京总部的办公室里，随处可以见到那些富有哲理的基督信条。公司有近三成比例的员工信奉基督，每天企业都会举行一些教义活动，包括晨祷会和查经活动，员工可以自由参加。因为这份信仰，王雪红继续扩展她的商业国度。2011年年初，她收购了英国手机视频平台公司Saffron Digital。2012年，HTC与大陆的三大运营商合作推出了三款“龙”系列产品，将市场延伸到大陆。

然而身为基督徒的她却常说：“神是我的第一个老板，父亲是我的第二个老板。”

点评：

正如《圣经》说：″你的眼目，要向前正看，你的眼睛，当向前直观。″我们的人生就像一场奔跑，每个人都在奔跑中。当你起步时，你的目光必须要向着前面的目标奋勇追赶，如果左右环顾，甚至把自己的目光投向身后，那么就到达不了目的地。这种专注的目光就如人的信仰一样，无可动摇。忘记背后，努力向前，向着标杆奔跑，这不仅是信仰给我们的力量，也是心灵长存的期盼和等候，更是一份执著。

诚如王雪红所说：“现在的一点小成功，或者是小失败、小困难，不代表明天会怎样。要看明天，看以后，看久一点，看长远一点。”不要让自己在风浪中沉下去，要顺着信仰的指引，坚定信心向前直观，未来我们会获得一片广阔的海洋。

思想的“逆现实力”

王雪红 V

我不跟父亲要一分钱，而是把母亲给的房子拿去抵押借了500万台币创业。

背景：

很多时候，在王雪红出现的场合，你都会听到她爽朗的笑声。她往往在三句话之内就会笑出声来，第一句话还是慢条斯理，第二句就开始变调了，等到第三句的时候，她就忍不住笑出声来。这样的笑声，不会因为有员工或者陌生人在场而消失。这个习惯让她的员工很感动，他们也更愿意亲近这位老板，因为她开朗、亲切、坦诚、和蔼。

行为往往是一个人的心灵体现，这样的笑声同时也传达出了王雪红内心最真实的渴望：对自由的向往。王雪红骨子里所流露出的这种对自由的向往之情，使她不愿意受人管制，更不愿意接受父亲

的安排，走他为自己规划好的道路。因此她被王永庆称为最叛逆的女儿。

实际上，这种叛逆精神在王雪红很小的时候就有了。虽然她出生在一个优越的环境里，衣食无忧，但王雪红的童年过得并不快乐。家家有本难念的经，这种隐形的伤痛来自于家族“三系”的纠葛。王永庆共娶了三房太太，形成了“三房执掌大内，二房笑傲江湖”的局面。三房李宝珠的女儿们都进入了台塑集团的核心层，而作为二房的杨娇（王雪红的生母）却在王永庆飞黄腾达的时候，离开台湾，旅居美国。豪门恩怨多，王雪红自小便尝到了其中的苦涩滋味。“我的童年并不快乐，初三时我被父亲送到美国念书，老实说离开台湾是很高兴的。我感谢神，让我生在这个家庭，让我磨炼，面对很多事情。”对王雪红来说，这种磨砺不仅是促进其成长的推动力，更是她思想“逆现实力”的精神来源。

她渴望走自己的道路，希望像父亲一样独闯天下，而不愿意被人说成是靠父亲才取得成功的。1981年，王雪红从美国加州大学伯克利分校毕业后，没有选择父亲为他安排的道路：到台塑集团上班，而是走了自己想走的路，到二姐王雪龄的大众电脑集团上班。

她想给自己选择一个可以成长的蓝海，而不是台塑集团那种既枯燥又无聊的工作，和来自家族内部激烈竞争的压力。年少时的美国求学经历让王雪红好不容易脱离了这张错综复杂的关系网，获得了一丝自由的空气，如今学成归来的她就更不愿意再踏入这张网中了。

这就是王雪红思想里的“逆现实力”，她想凭着自己的努力创立一番事业，改变这种被动的局面。所以，王雪红在大众集团里很努力地工作着，同时通过大众公司的销售平台学到了很多经营管理之道。可以说，在大众电脑公司工作的岁月里，是王雪红最重要的“取经”阶段。

1988年，王雪红终于决定单飞了。她离开了大众电脑公司，也离开了台湾，到美国开始了创业之路。在筹集创业资金的过程中，王雪红拒绝了父亲的资金援助，而是抵押了母亲在台北的一套房子。之后，她选择了最难做的事：进军高科技领域。从王雪红后来所取得的成就来看，这个选择是对的。

而这一切都来自于王雪红思想中的“逆现实力”。

点评：

世界上本没有路，走的人多了，便成了路。但是当每个人都想挤上去的时候，就会出现交通拥挤的现象，进而影响每个人到达终点的时间。人生应该是自己的，没有必要沿着别人给我们指定的道路走下去。我们应该活出自己的精彩。

做一个真实的自己，靠自己的努力去赢得胜利。所以，如今越来越多的“富二代”不愿意接受父辈给他们制定的人生规划：成为企业的继承人，而更愿意从零做起，靠着自己的努力，打造出属于自己的光环。

适合自己的，才是自己的

王雪红 V

我发现凡是著名的音乐家都有两个共性：一是非常认真，二是很有天分；可我觉得自己恰恰没有这个天分。钢琴家就像网球手一样，全世界只有几个是最出众的，我觉得自己有点太现实了。

背景：

黑白的琴键上，音乐家用灵动的手指缓缓开始了他的音乐梦想之旅。吵闹的厅馆里瞬间安静下来，大家都屏息凝神，闭上双眼，静静地聆听着从指缝间流出的音符。

每个人都不能抗拒音乐的力量，因为它是我们心中的另外一个世界：美好的、宁静的、梦想世界。在那里我们可以忘记所有的烦恼，可以自由的驰骋，享受音乐带来的惬意感。而我们同样也崇拜那些能够弹出震撼世界音符的人：沃尔夫冈·阿玛多伊斯·莫扎特、路德维希·凡·贝多芬、约翰·塞巴斯蒂安·巴赫、弗朗茨·舒伯特、老约翰·施特劳斯、弗里德里克·弗朗索瓦·肖邦、彼得·伊里奇·柴可夫斯基……

伟大之所以伟大，和成就无关，但和人生道路的选择有关。作为中国台湾首富、宏达电创始人兼董事长的王雪红之所以能被那么多人知晓，并被《福布斯》杂志公布为最具影响力女性之一，被《纽约时报》称为“全球科技界最有权势的女人”，正是因为她选择了适合自己的道路。

王雪红从小就对钢琴感兴趣，并梦想着有一天能成为钢琴家。正是出于这种热爱，王雪红很小的时候便能弹得一手好琴，经常参加学校的音乐比赛。这种狂热的追求也影响着王雪红的大学专业选择，在选择专业时，她毅然报考了音乐系。

在美国的音乐殿堂里，王雪红如饥似渴地汲取着音乐的养料。这是个令人神往的有着非凡魅力的音乐殿堂，王雪红感觉梦想近在咫尺。她仿佛看见：帷幕缓缓拉开，她坐在一架黑色的钢琴旁，台下是满满的听众。就在她按起琴键时，所有的人都在为她鼓掌。一曲完毕，台下是一阵雷鸣般的掌声，所有人的脸上都是陶醉的笑容和赞赏的目光。

然而梦想并不像想象中的那么简单。当王雪红慢慢进入作曲专业后，发现这个专业要求的专业素质非常高。为了能够实现自己的梦想，王雪红投入了大量的精力和时间，但仍然感到力不从心。她常常发现身边的同学能很轻松地迸发出令人眼前一亮的灵感，并写出曲子，而自己想了半天才能写出一个句子。是不是音乐这条路不适合自己？王雪红一遍又一遍地问自己。

于是她找到了自己的导师，经过一番推心置腹的交谈后，王雪红清楚地认识到自己的不足。经过痛苦的抉择，王雪红放弃了这个一直给她力量的梦想，选择了经济系。

之所以选择经济系，或许和他的父亲有关，也或许和她发现自己身上有着某种经商方面的天赋有关。不管怎么说，王雪红一定没有想到这个选择会决定她的人生方向，成就日后叱咤风云的商业传奇。

点评：

当你来到海边，看到沙滩上躺着许多美丽的贝壳时，你是不是慌了眼神，不知道该挑选哪个？人生就是选择的过程，这样的真实感受在我们买衣服时变得尤为真切。每一件衣服看起来都是那么漂亮，但并不是每一件衣服都合身。选择适合自己的衣服，这样穿出来的你才是最美丽的。

同样，并不是每个人都能做所有的事情。试想，如果让美国的游泳奇才迈克尔·菲尔普斯去跑步会怎么样？让飞人刘翔去跳高会怎么样？让牙买加短跑霸主尤塞恩·博尔特去游泳会怎么样？所以，找到那个适合自己的席位才是最重要的。每个人都应该选择自己的强项，找准定位，找到自己人生的长板，并不断加长它，打造一个独一无二的你。

做经验的“领导者”

王雪红 V

做生意的学问是博大精深的，自己要学习的还很多。

背景：

“我觉得我商业方面的经验基本上都是从工作中得来的。不过，我弟弟王文祥9岁时就会自己做模型，沿着邻居家去卖。等我真正进入了PC界，真正长大以后，才觉得我以前学的东西确实有用。基本上，对于经济我后来越来越喜欢了。”

作为“经营之神”王永庆的女儿，王雪红从她父亲那里学到了很多东西，也最得他的真传，因此她被公认为“最像王永庆的女儿”。从父亲的身上，王雪红学到很多，不仅包括做人的道理，还包括经营企业方面，那就是“做生意的学问是博大精深的，自己要学习的还很多”。

王雪红自小就被送到国外读书，所以特别渴望与父亲能够多一些沟通，书信便成为了他们之间联系的纽带。在信中，王永庆从来不把王雪红当作一个孩子，而是当成一个老朋友。他告诉王雪红该怎样去管理一家企业、怎样解决难题等，并将自己在商场上遇到的教训总结成经验传授给了王雪红。虽然王雪红当时并不能完全理解这些知识，但还是潜移默化地受到了王永庆商业思想的影响。

这些信都被王雪红完整地保存了下来，并在她日后的商业道路上发挥了重要的作用，帮助她渡过了一个又一个难关，而她完整的商业理念体系的形成也和这些信有着莫大的关系。

此外，王雪红还有一种向父亲学习的方式，那就是跑出来的"经济课"。因为父亲白天总是很忙，但不管有多累，他有一个习惯，那就是坚持晨跑，而这恰是王雪红向父亲取经的最好时机。

在台北的街道上，每天清晨，当天空刚刚出现一抹霞光时，王雪红便和父亲一起开始晨跑。也正是在这一段跑步的岁月里，王雪红学到了那些在经济课堂上根本学不到的东西。

有一次，王雪红在跑步的时候，突然想起她在美国报纸上曾经读到过的一条关于台塑集团组建化学船队的新闻。王雪红对这条消息感到很迷惑不解：父亲当时最关心的莫不是PVC粉（聚氯乙烯）了，为什么突然要组建一支化学船队到美国去？这样做划算吗？

面对着王雪红的种种疑惑，王永庆笑着回答了她的问题。

对于台塑这样大的企业，首先要考虑的是成本问题，不然就会亏本。那些从美国运回来的材料，每吨运费就占了总成本的40%，正是由于过高的运费才导致PVC原材料的成本一直居高不下。为了解决这一问题，台塑需要组建一支化学船队。从眼前来看，虽然台塑组建船队的投资很大，似乎有点得不偿失，但从长远来看，组建后的化学船队能将原本为100美元的运费降到30美元，这样就能为企业节省70美元的成本费用。

听完了父亲给自己算的这一笔账后，王雪红恍然大悟。她感叹道："看起来书本上的经济学都是一些空洞的理论，在现实的经商活动中，是要把干巴巴的理论变作现实的。"同时王永庆还告诉她：每省下一元钱，就意味着盈利一元钱。做生意人要每时每刻都想着"节省"两个字，将每一分钱花在值得花的地方。

这样的"经济课"，让王雪红获益匪浅，也让她在日后的商业中学会了用心理财和经营。

点评:

王永庆的这番话告诉我们：经商需要灵活的头脑，需要超越一切已经固化了的经验，不能被书本绑死，更不能被经验所迷惑。做事要对准实际，考虑长远利益，要学会领导"经验"。很多时候，并不是每一个成功的企业案例和经验都是可以被转嫁和复制的。每个企业都有自己特殊的情况，这就需要我们拨开那些业已形成的"经验迷雾"，找准自己的道路，让"经验"成为自己经营理论的垫脚石，而不是牵引者。

成为像海绵一样的人

王雪红 V

小时候，我觉得自己就像一块海绵，总是四处吸收东西。

背景：

19岁时，当时还在台湾读初三的王雪红便被父亲“扔”到了美国，那时她的兄弟姐妹都在英国念书。对于为何独把王雪红送到美国读书，王永庆有自己的考虑：当时世界经济中心已经转移到美国，他希望自己的女儿能够去美国更好地感受那里的经济氛围。

离开了台湾，王雪红独自一个人前往美国加州。刚开始的时候，她和二姐王雪龄住在一起。二姐早年在英国上学，在那里念完了高中、大学之后，来到美国的加州大学伯克利分校读硕士。

此时的王雪红对音乐情有独钟，想当个钢琴家，但是当她发现自己并没有音乐天赋时，她放弃了音乐的梦想之路，离开了音乐系，进而转读经济系。

就读经济系后，王雪红才算开始了自己真正的大学生活。加州大学的伯克利分校一向以学术环境自由而著名，这里也聚集了很多优秀的人才，走出去很多知名的企业家，如日本银软的孙正义等。为了弥补知识空缺，王雪红开始刻苦学习。

但王雪红并没有把自己死闷在经济学里，有着浪漫个性的她还喜欢到各个系去“串门”，并认识了很多有趣的人。在和他们交谈的过程中，王雪红的思维被打开，视野也越来越开阔。

王雪红时时把自己当作一块海绵，总是想着自己要学到更多的知识，除了经济学课之外，她还选修了英国的比较文学，恰巧当时的台湾作家白先勇在伯克利大学开设了文学课程，她就经常跑去听他的课。异国求学的岁月里，知识对她来说有着特殊的意义，它就像一个可以憩息的港湾，让自己异国漂泊的心找到了归宿。在伯克利大学属于华人社区中心的图书馆里，王雪红孜孜不倦地读着她的书，一坐就是一整天。在浩如烟海的知识世界里，每一本书对她来说，都是一座宝库。她也格外珍惜这个机会，如饥似渴地读着那些在世界文学中有着重要地位的大师的作品。

在伯克利分校读书的日子里，王雪红完成了一生中最重要的知识积累阶段。这种将自己放空，时时学习的心态，并不只在王雪红求学的阶段发挥着作用。

2011年，HTC市值达到319亿美元，首度超过了手机巨头诺基亚。这个巨大的变化用了15年，王雪红也因此超过郭台铭成为“台湾首富”。HTC之所以能取得如此巨大的成就，与王雪红不断学习有很大的关系。这个被称为“全科技界最强势的女人”曾经和“大象”微软打过官司，挑战过乔布斯。面对如此强大的对手，王雪红从没有惧怕过，因为她始终怀着一种“任何时候我都可以从头再来”的心态。

对新阶段的学习方式，她是这样说的：“像智能手机，现在有很多的新技术和应用程序，这半年内，我自己看了一百多家公司。有各种不同的看法，基本上有时候是找投资银行把一群公司介绍给我，有兴趣我就再深入看一看，有时候自己打电话拜访，好好了解他们的技术，然后交叉学习。另外，我也经常看很多报纸、杂志和书。”

点评：

知识如浩瀚的海洋，我们无法获知它的深度，但我们可以接近它，缩短和它的距离。同时，每个人由于受到经验和环境的限制，无法知晓所有的知识。所以不管是谁，都应该抱着虔诚的心态来学习。

此外，世界不是单调的，知识也并不是单调的，每一个系统都处于普遍联系之中。不管是创业者，还是管理者，都要完善丰富自己的知识结构，时刻保持学习的心态，不断地吸收新知识，更新自己的知识结构，拓宽自己的知识面，开阔自己的视野。

任何时候都不怕从头再来

王雪红 V

妈妈，谁能像您那样，告别一个亿万富翁的生活，不带一分一厘来到美国重新开始？从您身上我学到的就是，任何时候我都不怕从头再来。

背景：

都说王雪红最像王永庆，其实对王雪红影响最大的是她的母亲。王雪红说：“都说我最像父亲，但事实上，对我影响最大的人是我母亲。我和母亲一起生活了整整50年。”

2011年3月3日，在台北锦州街的老宅里，王雪红的母亲杨娇平静地离世了。这位经历了风风雨雨的老人是一位伟大的母亲。她一生辛劳操持，帮助王永庆开创了“台塑王国”，成就了他台湾“经营之神”的神话，在王永庆的事业中起到很大的作用。同时，她的五个儿女在她的辛勤操劳下，也都各自成就了一番事业，尤其是王雪红，成为了新一代的“台湾首富”。

在王雪红创业的过程中，母亲杨娇对她的影响很大。由于不愿走父亲给自己安排的道路，也不愿意接受他的资金援助，王雪红在创业时遇到了很大困难。这时一直陪在王雪红身边，给她力量的是母亲。母亲抵押了自己在台湾的房子给王雪红当创业资金，并每每在王雪红遇到困难的时候，为她祈祷。“我母亲一直在给予（我）价值，这对我的启发很大。不管做什么事情，她一直在支持我，在为我祈祷”。

同时，母亲杨娇也是王雪红的精神支柱，她给了王雪红坚韧和顽强的性格，并把“自立”精神输入到她的血液中。这也让王雪红懂得，如果想要闯出自己的一片天，就不能依靠父亲王永庆这棵大树，必须自立自强。就在她临终的时候，也没有忘记给她的儿女们以永恒的力量——努力工作，活出人的价值。

回顾母亲的一生，王雪红就忍不住哭泣起来：“妈妈，谁能像您那样，告别一个亿万富翁的生活，不带一分一厘来到美国重新开始？从您身上我学到的就是，任何时候我都不怕从头再来。”

杨娇是王永庆的二房太太，在王永庆最艰难的日子里，陪着他一起吃苦。在他创办台塑公司的时候，又帮助他打理公司的相关业务。然而就在王永庆事业蒸蒸日上的时候，他又娶了第三房太太。虽然外表温顺的杨娇接受了这一事实，但是内心倔强的她很伤心。在杨娇50岁的时候，她决定离开王永庆，只带着3000美元，就去了美国。

在美国的时候，杨娇不仅尽自己的所能照顾好家人，并且每天坚持去伯克利大学的成人分校学习英语。62岁时，杨娇还考取了汽车驾照。同时，她也有了自己的人际关系圈。

正是受到母亲这一倔强精神的影响，王雪红才对自己说，不管在任何时候都不怕失败，大不了从头再来。自创业之初，关于王雪红的非议和压力就一直存在。因为王雪红走的路一直都是“一条人比较少且寂寞的路”，常被人称为“独辟蹊径”。

这也是她自小养成的性格。当年在二姐的大众电脑公司时，因为被骗，为了追债，王雪红曾独自一个人到巴塞罗那，在那里待了半年。虽然没有追回这笔钱财，但王雪红却打开了大众电脑的欧洲市场。还有就是，1999年发展正势如破竹的威盛，却被微软以侵权罪告上了法庭。其间威盛遭遇到了很大的打击：股价暴跌，市值缩水逾六成。一些员工也纷纷出走，股东们的谩骂声一片。但王雪红没有放弃，最终带领威盛从失败的阴霾中走了出来。

点评：

人都喜欢规避失败，但却渴望成功。成功的道路并不是一帆风顺的，总会有一些或大或小的磕磕碰碰。当大家都谈论成功的时候，其实并不了解成功是什么。成功不是显耀的光环，也不是亿万的财产，而是品格的锤炼和精神的拔高以及心态的修养。

当你通过努力，在奔跑的过程中领先别人很多时，却忽然跌倒了，一无所有了，又或者突然发现这条道路并不是自己想要的，你是否愿意从头再来？将心态归零？这时候就是考验一个人的时候，你要有勇气对自己说：“任何时候都不怕从头再来。”人在任何时候都要能放下自己的成就，因为每一个看似很低的起点，却往往是通往成功的必经之路。

二、愿景的取舍

没有人怀疑企业战略的重要性，管理学大师亨利·明茨伯格通过研究发现，战略的真实意义并非人们通常所认为的那样——设计出通往未来之路，然而没有战略的组织却又像一个没有个性的人一样不为人所知。

这个理论同样适用于愿景。愿景就像一个人的个性，能在复杂多变的环境中为企业提供抉择的原则，使企业有了和他者不同的色彩和个性。此外，愿景还应该是太阳，所以我们应该有“夸父追日”那种敢为敢想的精神和不屈不挠的意志，不应该让安逸侵蚀了心灵。一个人想要成功就得选最困难的事情去做，并且要坚定信念，任何一个决策都应该义无反顾，对的事情就应该做下去。

挑战安逸的心灵

王雪红 V

其实王家的第二代人除了集中在台塑，还能够有一条更好的发展出路，而我进二姐的公司并不是终极目标，我的终极目标是要像二姐一样，创办我自己的企业。

背景：

1981年，王雪红从加州大学伯克利分校毕业并顺利获得了经济学硕士学位。对于王雪红的父亲王永庆来说，这自然是值得高兴的一件事。在王永庆的几个儿女中，王雪红是他最喜欢的女儿。

刚刚毕业的王雪红其实也不知道自己该做什么，她和许多年轻人一样感到迷茫，没有一个清晰的规划。然而父亲王永庆已经帮她定好了人生路：到台塑集团去上班，从最基层做起，等到时机成熟，再委以重任。

父亲给她安排的是一条平稳的，没有丝毫风险的路，只要按部就班地工作，等到在基层锻炼得差不多了，也获得一些经验了，就可以担当大任。对于这条路，起初王雪红并没有反对。她心里想：反正目前也没有更好的打算，还不如先在这里干着，以伺时机。于是王雪红来到了台塑集团，从最基层的工作开始做起。

很快，王雪红就发现这是一个既单调枯燥又无聊的工作，她再也不想在这里待下去了。于是，她就向父亲提出想去二姐王雪龄公司上班的事。“我去二姐的公司上班，不是因为我喜欢电脑或者讨厌PVC，而是因为我有自己的发展思路，所以才考虑最好暂时不进台塑。”这时候的王雪红已经找到了自己的目标：“电脑现在是一个新兴行业，让我学习的空间要比生产PVC大得多……我的终极目标是要像二姐一样，创办我自己的企业。”

听了她的一番话后，王永庆突然发现自己的女儿成熟了，心里感到无比高兴，但还是有点担心她，毕竟一个女孩子孤身创业，要面对的困难是很大的，什么苦和累都得自己扛着。思虑万千，最后王永庆还是决定放手让她自己去闯，并给她提供一些力所能及的援助。信心十足的王雪红拒绝了父亲的资金帮助，她相信靠着自己的努力，也会像她二姐王雪龄一样成功。1974年，王雪龄在美国完成了她和简明仁的婚礼。1980年，王雪龄夫妇回到台湾，开始了自己的创业之路，成立了大众电脑公司。1985年，王雪龄的大众电脑公司业务开始转型，进军电脑生产和制造领域。由于他们生产的电脑有着诸多优点，很快就在台湾市场上占据了一席之地。

得到了父亲的首肯后，王雪红顺利地进入了二姐的公司，并担任了大众电脑公司PC事业部经理。

一段“偷师学艺”的打工生涯开始了。离开了台塑集团这棵参天大树的保护，王雪红踏上了充满风雨的人生之路。

在二姐的公司里，王雪红干劲十足。为了能多卖出几台电脑，她常常一个人拖着一张大桌子，租个展会摊位到处推销电脑。在王雪龄的公司里，她学到了很多经营之道，但也遭遇到了年少时最大的挫折。

由于缺乏经验，王雪红上了一个西班牙人的当，在没有收取对方预付款的情况下，就给了对方高达70多万元订单的货。事后她才发现，这是一起商业诈骗案。当时王雪红觉得天都快塌下来了，是她把姐姐和姐夫的公司给“毁”了。这个初出茅庐的女生，带着两个员工开始了艰辛的巴塞罗那追债历程。首先是租公寓，雇保镖，后来又遇到了语言不通的问题，最后还是通过留学生找了律师打官司，如此折腾了大半年，却没有追回那笔债。

这件事让王雪红成长了许多，后来，当她回忆起这段经历时说：“困难可能是祝福的另外一个面貌。”

点评：

安逸的环境是一个没有挑战的地方，它消磨了人的意志，让人生单调无味。人生应该是自由的，因为我们有选择权。如果我们想要预见自己的未来，最好的方式就是亲手创造，而不是在别人的安排下，做一个命运顺从者。就像当年的乔布斯一样，他很纠结于大学和工作之间。但最终乔布斯还是放弃了安逸的大学生活，开始了自己的生存之路。

任何一个有理想的人都不愿屈服于无趣的工作和现实，他们总是在不断地挑战自己，激发出自己最大的潜能，努力地去做自己喜欢做的事情。就像一首歌唱的那样：“赌这一把，不要害怕别人的喧哗。再不疯狂青春就荒废了，再不疯狂我们就忘了。荒废了就像白活了一场，忘了就像没有了过往。”

既然选择，就要坚定

王雪红 V

既然我已经选择了这条路，还是继续走下去吧。困难肯定是层出不穷的，但都是暂时的，只要我咬紧牙关坚持下去，前景就一定会变得越来越好。

背景：

在二姐的公司里，王雪红学到了很多。但她不想一辈子都待在二姐的公司里，她想自己创业。从零开始，王雪红开始了创业上的艰难起步。当初王雪龄曾嘱咐过王雪红："在美国求学是可以的，而就业最好回到中国的土地上去。"对于王雪红要离开大众电脑公司，王雪龄夫妇极力挽留。

因为他们也是创业起家，深知其中的艰辛。他们希望王雪红留在国内帮助他们，和大众电脑一起成长。然而倔强的王雪红依然决定单飞美国。王永庆得知女儿的创业决定后，派人找到王雪红，希望她放弃创业念想，到台塑驻美机构工作。

对于这一份人人都羡慕的工作，王雪红并没有心动，既然已经选择到美国创业，就应该风雨无阻。在给父亲的信中，王雪红这样写道：“既然我已经选择了这条路，还是继续走下去吧。困难肯定是层出不穷的，但都是暂时的，只要我咬紧牙关坚持下去，前景就一定会变得越来越好。”

其实，对父亲的这一份关怀，王雪红心里十分感动。在自己最困难的时候，父亲永远都能给自己一个宽阔的臂膀，一双温暖的手。但经历了这么多困难的王雪红，已经成长为一个自强自立的女子了。内心坚韧的她，想靠着自己的努力一步一步实现自己的梦想。

王雪红开始离巢单飞，以此来证明自己的实力。因为她知道一旦接受父亲的庇佑和帮助，那她就永远不能拥有一片属于自己的天空。她也不希望自己永远被人称作“王永庆的女儿”，不希望被人说成是靠着父亲的光环成长起来的。她希望自己的路能够完全由自己掌控，如果前面没有路，她可以拿着板斧劈出一条路来，而拥有这条路命名权的人只有她——王雪红。

但是现在，每当她被人称作是“最像王永庆的女儿”时，她感到很自豪。“我一直觉得，父亲无所不能。”

虽然没有拿过父亲一分钱，但是王雪红很感激父亲在她创业初期给自己的帮助。在王雪红刚刚成立威盛的时候，需要一支强有力的团队，但台湾缺少这方面的人才，这样的工程师都在美国。这就给王雪红的创业带来了很大困扰：要说服他们放弃美国优越的工作条件到台湾工作是一件非常困难的事情。

此时父亲王永庆就起了很大的作用。素有台湾“经营之神”的王永庆在业界享有很高的威望，他有八条经营哲学：追根究底；务本精神；瘦鹅理论；基层做起；实力主义；切身感受；价廉物美；客户至上。王永庆的声望为王雪红赢得了大家的信赖，所以很多人愿意跟着王雪红一起吃苦打拼天下，这才有了威盛最初的团队。而王永庆的经营理念也被王雪红很好地融进自己的经营管理中，创造出了属于自己的柔性管理理念，一种中西合璧的企业文化。

点评:

既然选择，就要坚定。很多时候，人不需要给自己回头的机会，因为一旦回头就会被犹豫和胆怯拉住，最后又回到原点。

虽然前面是未知的旅程，我们无法知晓有什么困难在等着我们，但请相信自己的心！相信自己比任何人给你的信任更重要，因为为你阻挡风雨的只能是你自己。带着自信和坚定上路，我们就不会迷失方向，不会轻易被周围的事物诱惑到另外一个轨道上。就像溪流一样，最终我们会到达属于我们自己的那片海。大胆地往前走吧，前面就是美好的风景。

一个人要成功，就得选最困难的事情去做

王雪红 V

困难可以让人变得成熟。一个人要成功，就得选最困难的事情去做。

背景：

要成功，就要选最困难的事做，这才是成功的真正意义。这不是自信心的过分膨胀，也不是狂妄自大，更不是叫嚣，而是给自己一个激发最大能量的挑战机会。王雪红在选择创业的时候，就一直在思考什么才是最困难的事。

其实，父亲和二姐已经给了她一个可以借鉴的成功经验，沿着这个道路走，成功并不难。但是王雪红并不想重走老路，一个人要成功就得选最困难的事做。时代在变，父亲所经营的传统行业早已经是一片“红海”了，如果再涉足其中，不但需要从“老虎”口中“夺食”，承担起巨大的风险，而且也赢不了多少利润。二姐王雪龄

的电脑行业似乎是个很不错的创业方向，他们经营得非常成功，但那是因为王雪龄和简明仁在刚创业时，正赶上了席卷全球的“电脑热”浪潮，并激流勇进，才有了现在的规模。如今这股“潮水”已经退了。这也不是王雪红考虑的方向。

此时的王雪红心里也很纠结。但是她想，既然选择创业了，就要跳出“红海”，找到潜力大、利润多、有发展空间的“蓝海”市场。但这片“蓝海”到底在哪呢？王雪红也不知道。当时大部分厂商生产的产品都是在帮欧美品牌打工，成为他们的“代工厂”。王雪红心里就想，难道中国的企业就只能凭借丰富的劳动力优势，成为他们的“代工厂”吗？中国的企业就不能做起整个产业链吗？

带着这个想法，王雪红开始奔走美国的各个生意市场，同时也寻找着自己的创业经商方向。因此，飞机上常常可以看到她的身影，从旧金山到洛杉矶再到纽约，王雪红每到一处都会仔细地考察那里的市场。在那段困苦无助的日子里，陪伴她的是父亲以前写给她的那些信。她常常翻阅它们，希望从中能够得到一些鼓励和帮助。

机遇总是垂青有准备的人，就在王雪红彷徨于创业方向选择的时候，机遇悄悄地来临了。1988年，王雪红来到美国的硅谷。这个地处美国加州北部旧金山湾以南的地方，是无数年轻人创业的梦想之地，也是科技精英们梦想中的工作场所。它早期以硅芯片的设计与制造著称而得名。拥有敏锐商业嗅觉的王雪红发现了一家做芯片的小公司。随着电脑和手机的普及，20世纪90年代，芯片被应用的范围越来越广。而且随着科技的发展，芯片的需求将会越来越大，发展势头也会越来越好。

可以说，小小的芯片里隐藏的是一个巨大的商机。虽然大众电脑公司的主板机已经是全球第一，但是所有的组件却没有一件是中国生产的。小小的发现让王雪红兴奋不已，她决定从芯片这个行业开始自己的事业征途。

虽然芯片已经被广泛应用了，但还是个新兴行业。新的行业虽然有着旺盛的生命力，发展机遇也很大，但是也有着难以预测的困难，要么会掀起一股浪潮，要么会夭折。然而王雪红还是决定试一试，要么不做，要做就要做最难的事情，这才是真正的成功。

点评:

创业需要情商、智商和胆商。作为一个创业者，一定要找到一个合适的创业项目，并且要做好充分的创业心理准备。此外，还需要找一个好的创业合作伙伴。然而每个人对创业的认识不同，有的人喜欢选择一些保守的项目，有的人喜欢选择高难度的项目。

很多人一辈子没有喝到美酒，是因为他永远不肯喝苦酒。越是苦的酒，回味起来就越甜。同样，越是挑战困难，成功越是有意义。创业是一个死里逃生的过程，每个人都必须经历这样的过程，才能享受到成功的喜悦。

对症下药，才能击中要害

王雪红 V

这家公司（VIA）之所以会走到如今这么困窘的地步，完全是因为管理不善，在企业运营上并不存在什么硬伤。

背景：

从决定开始创业起，王雪红就一直在寻找商机。然而面对风云变幻的市场，不是每个人都能找到最佳的创业路径。王雪红虽然有商业天赋，但毕竟没有经商的经验，所以第一次创业必定要经历很多风雨。顶着巨大的压力，一路走来磕磕碰碰的王雪红虽然也有低谷时期，但她始终没有放弃。因为她终究不是普通女子，在她身上有着普通女子不具备的自强和坚韧。

就在王雪红四处搜找创业第一桶金的时候，一个千载难逢的机会出现了。这对正处于人生低谷中的王雪红来说，是一道希望的曙光。

1988年，王雪红得知美国有一家公司正准备出卖。这家公司在同行业的竞争中处于劣势，一直默默无闻，由于经营不善，濒临破产的边缘，所以出价并不高。

这个消息对于“饥渴”中的王雪红来说，正是恰逢其时的“甘霖”。王雪红并没有因为这个忽然降下的“甘霖”失去理智而立即着手启动收购计划。在商业的棋盘中，每一步棋都需谨小慎微，否则就会“一着不慎满盘皆输”。王雪红想先“知彼”，然后一举将中对方的“军”。

创业中并不是每一个“馅饼”都能接着，都对自己有利。我们要随时准备运用我们的火眼金睛，穿透包裹着的馅皮，找到其中的馅料，看看它是不是适合自己的口味。对于“踏破铁鞋无觅处，得来全不费工夫”的VIA，王雪红对它的考察，显出了她商勇超慧的能力。知己知彼，才能百战百胜，无论是经商伙伴还是合作对象，王雪红都会习惯性地了解他们的底细，这样才能找到病症，“对症下药”，尽可能击中要害。

这种经商风格一直延续在王雪红的商业中。“对症下药”的目的，其实是为了尽可能减少损失，包括时间上和资金上。通过给VIA公司把脉之后，王雪红找到了“病因”：这家公司（VIA）之所以会走到如今这么困窘的地步，完全是因为管理不善，在企业运营上并不存在什么硬伤。

这个发现让王雪红惊喜万分：第一，这家公司由于处于关门的危急境地，急于出手，低廉的转让费让她看到了还价的希望；第二，这家公司经营的就是芯片，这与她在硅谷发现的新产业科技领域不谋而合；第三，这家公司就在她的大后方——台北，这可谓是占尽了“天时、地利”优势。

此时的她应该感激自己曾经的叛逆——没有走父亲为她安排的道路，而是加入大众电脑公司，大众电脑公司可以说是她创业梦想的摇篮。王雪红深信：凭借着自己在大众电脑公司六年的管理经验，她完全有能力带领这家公司步入正常的经营轨道，让它起死回生。

经过深思熟虑后，王雪红决定一举拿下VIA。于是，她立即带着筹集的资金赶到美国，在一个朋友的引荐和搭线下，经过几轮谈判，很顺利地签下了这份合同——美国商人的转让协议。经历风雨过后，王雪红终于看到了天边初现的彩虹。

这家被王雪红预定为自己事业起点的公司，作为威盛的前身，在王雪红的人生事业中成为了她的先锋，为她打开了一片广阔的天空。

点评:

创业初期或许我们会被各种各样的困难吓倒，因而退缩了自己的心。我们好不容易找到了自己坚定的方向，但是第一步又该怎么走？该如何找到适合自己的鞋子？在哪里留下自己的第一个脚印？又该怎样保证自己创业信息来源的可靠与真实？是自己创立一家公司还是接手他人转手的公司？此时，我们要学会静观其变，等待时机。当时机来临时，我们更要学会理性对待。

“对症下药”是最好的分析方法。首先要明确自己的目标，知道自己想要什么；其次要知己知彼，了解这个时机是不是适合自己的口味，自己是否有能力把握住；最后，综合考虑各种因素，比如地理条件、竞争环境、人才、资金等。只有这样才能准确把握好“创业”这个症状，然后开好自己给它配的“药方”。

任何一个决策都要义无反顾

王雪红 V

任何一个决策都应该义无反顾，不要让包袱去牵绊你。

背景：

世界管理大师博恩·崔西说：“任何一个人只要专注在一个领域5年，可以成为专家，10年可以成为权威，15年可以成为世界顶尖。”

这份专注在王雪红身上表现得尤为明显，甚至可以说“专注”得有点“傻气”。

了解王雪红的人都知道她是一个不怕困难、有韧性、坚强的女子，甚至还有些偏执。但正是这种“不怕虎”的精神，让王雪红初尝到了梦想实现的甜头。

在彷徨迷茫中找到出路并顺利拿下VIA后的王雪红，感觉自己离“中国芯”的梦想近了一步。作为创业者，从某种程度上说，王雪红创立威盛，是为了实现自己的“中国芯”梦想。因为她看到了太多以代工求生存的企业现状：永远低人一等地生存着，没有自己的独立品牌。这些代工厂为日本、欧美的企业生产各种各样的产品，为对方创造了巨大的利润，自己反而只能收获到很小的利润，最后反过来被西方国家嘲笑“没有自主品牌”、“没有创新”、“跟风”、“模仿”……这些工厂的命运其实和她在美国硅谷所见的科学家的命运一样，他们以自己的超然智慧为老板创造了数以万计的利润，然而换来的却是和价值不等价的工资。他们为美国的经济和社会发展做出了巨大贡献，结果享受的却不是同等的地位待遇，永远只能受制于美国资本家。

这是王雪红心中的痛。她想走出一条属于自己的道路，打造“中国芯”，这是一个神圣而又艰难的使命，王雪红感觉到这份责任的重大。

打造真正的、优秀的中国品牌，让中国品牌走向世界，而不是被外国人牵着鼻子走，这是王雪红打造“中国芯”的出发点，但这是一条极其艰辛的道路。由于当时的社会环境和自身条件不足，王雪红举步维艰，被重重的包袱压得喘不过气来。

社会环境是，由于中国高科技领域自主知识产权技术严重匮乏，因此处处受制于欧美发达国家。周围的企业大多数都是别人的代工厂，“代工厂”异常流行，要想突破这个被包围的“代工厂”世界，首先要做的就是重树理念，突破固有的跟风局面。

自身条件不足的是，因为王雪红是学经济的，对高科技技术领域不太懂；自己单枪匹马，没有得力的助手；虽然擅长经营、精于管理，但身边缺乏技术方面的把关者和导航者，也就是说自己“能文不能武”。这样的威盛，是无法替王雪红实现“中国芯”梦想的。

王雪红再一次陷入困境，觉得自己身上的包袱越来越重了。但她没有被这些重重的包袱折曲了自己坚定的意志，而是勇敢地做了大胆的决定，因为“任何一个决策都应该义无反顾，不要让包袱去牵绊你”。

首先是物色合适的创业伙伴。王雪红最先想到的是毕业于加州理工学院计算机专业的陈文琦，他在华人科技圈里有一定的名气，也有丰富的行业经验，在结构设计领域有着出色的才能。

其次是明确业务重点。随着陈文琦的加盟，威盛电子开始焕发出生机，进入到一个崭新的发展领域。作为一个专业人士，陈文琦为威盛电子进行了重新定位，明确把芯片作为发展中的重点。在陈文琦的带领下，威盛得到迅速发展，全世界将近70%的芯片组市场份额都在王雪红的掌控之中。

这匹奔跑中的黑马——威盛，正在以一往无前的冲劲领跑芯片世界。

点评:

如果打开中国〞代工厂地图〞，你会发现〞中国是世界的〝加工厂’”这句话说得一点儿没错。分布在中国广袤大地上的企业大多数是为外国企业打工的“代工厂”，从电子产品到服装，从电器到日用小商品，它们成就了外国品牌一个又一个经济奇迹，却没有自己的核心技术，没有自主品牌。很多国际品牌的产品几乎都是在中国完成生产的，利用劳动力成本低廉的优势，以低成本生产产品，然后再以高价格卖给中国人，可谓是赚足了利润。

中国的自主品牌在哪里？很多人意识到了这一点，但却始终没有勇气放开那些沉压在创新领域的包袱，坚定信念，走出一条“品牌化”之路。所以，很多时候，我们需要放开重压的包袱，找到专注、矢志不渝、偏执的“傻气”，专注于自己想要的，义无反顾地坚定自己的每一个决策。

对的事情就应该做下去

王雪红 V

不要以为英特尔做芯片组，我们看到它太强了就转到别的地方去。我进入的任何市场，英特尔都可能进去，它再进去，我又要换一个地方，这还了得？我们相信对的事情就要坚持做下去。

背景：

在《三国演义》里面，刘备是一个成功的创业者，从最初只有“桃园三结义”的两个兄弟，到后来建立拥有无数“员工”的蜀国，刘备可谓创造了一个神话。在这个神话里，有一个光鲜的口号：“光复汉室，惩治汉贼！”虽然道路很艰辛，但刘备一直坚持着，最后获得了一大笔创业资金，包揽了一大批优秀人才。他告诉我们：只要不放弃，哪怕是再弱小的雏鸟，也会成为展翅高飞的雄鹰。

对的事情就一定要做下去，“不要以为英特尔做芯片组，我们看到它太强了就转到别的地方去。我进入的任何市场，英特尔都可能进去，它再进去，我又要换一个地方，这还了得？”王雪红说这句话的时候，威盛正受到来自“大象”英特尔的挑战。

芯片组市场一直都是双雄并立的局面，就像魏蜀吴三国鼎立一样。英特尔和超微半导体公司（也叫AMD）两个强者互相对峙，在竞争的同时，也打压那些实力弱小的公司。只要它们一露头，就会被两个老虎吃得干干净净。对于威盛来说，也不例外，危险局面依旧存在。

调整重点业务后的威盛发展可谓势如破竹，这当然会引来英特尔和AMD的注意，并遭到它们的进攻。但这一次，它们的如意算盘却打输了。威盛并不害怕它们，而是决定迎接这头“大象”的挑战。

其实王雪红在选择芯片行业作为自己的创业领域时，她就意识到了，如果企业想要做大做强，就必须要面对一个强大的对手——英特尔。

众所周知，英特尔公司是全球最大的半导体芯片制造商，即使有AMD的存在，英特尔也是市场上当之无愧的“王者”。一位英特尔的员工曾经这样描述过英特尔人的个性：比较激进，有主动进攻的意识。坐拥大半壁江山的英特尔身上有着血性十足的霸气，它认为市场只会出现两种情况，要么是绝对垄断，要么是相对垄断。

当时还只是一个小公司的威盛，是无法和英特尔这个“巨人”相比的，这种较量就像婴孩之于拳击手一样。英特尔要把一切可以与之抗衡的生命都扼杀在摇篮里，于是在王雪红打算涉足芯片市场之初就收到了来自英特尔的警告。

当时英特尔的创始人之一安迪·葛洛夫就告诉王雪红："Cher(王雪红的英文名)，芯片组英特尔要做下去，你不要碰。"这种带有威胁和警告的话语并没有吓倒王雪红。对于英特尔，王雪红当然知道它的底细。但这不是退缩的理由，如果这次退缩了，那么下次还遇到这么强劲的对手，又该怎么办？既然选择了，就要将对的事情做下去，与其退缩，将机会相让与人，还不如努力拼一把。

这是一场实力悬殊的"战争"，就像历史上的赤壁之战，两军实力相差很大：当时，英特尔有"精兵"8万，市值是威盛的70倍；威盛总共只有不到3000名员工，市值不到25亿。

战争的帷幕就这样拉开了。在英特尔的进攻下，经过一番强劲洗牌和折腾后，全球只剩下四家主板芯片组生产商：英特尔、威盛、矽统、扬智，后三家都是台湾的企业。王雪红在这次战争中能够艰难的生存下来，很大程度上得益于二姐王雪龄的大众公司和康柏公司的订单。当时王雪龄将大众公司的主板订单全给了王雪红，1995年，康柏电脑也向威盛伸出了橄榄枝。由于康柏的青睐，其他电脑公司更多的订单也纷至沓来。

凭着出色的表现，威盛电子步入了发展的快车轨道，王雪红也收获了一种前所未有的成就感。但她并没有止步于此，因为CPU的核心技术仍然掌握在英特尔手中。于是王雪红决定整合一切力量，向CPU进军，"做真正的中国人的CPU"，与英特尔一决高下。

点评：

彼得·德鲁克在《管理》（下册）中谈到了四种创业战略，其中有一种战略是"孤注一掷"战略。"孤注一掷"是带有强烈赌博性质的，它不允许犯下任何错误，也绝不会给人第二次机会，一旦成功就会给创业者带来丰厚的回报。这种战略要求创业者的目标要专注，不管市场上有多少对手，只要有一丝成功的机会，都要付出百分之百的努力。同时，如果把创业和"贡献价值"联系起来，"贡献价值"是对市场的回报价值，这种"孤注一掷"的坚定信念会更强。

王雪红在创业时，选择的主要战略是"孤注一掷"。创业者使用这一战略的目标是在新市场或者新行业中取得领导地位或者支配地位，这当然是它的终极目标。总之就是：对的事情就应该做下去！

三、女神的柔性魅力

王雪红做人低调、不喜欢出风头的个性在企业界是非常出名的，她常常把成功归功于“上帝的指引”，归功于她的职业经理人们。深层分析后不难发现，王雪红的成功除了她个人的能力之外，还在于她不仅会识人，而且会用人，善于激发员工潜在热情的鼓舞力。

在威盛旗下有很多千里马，他们都曾是自主创业的一流商业高手，但最终都被深得柔性管理精髓的王雪红彻底打动，纷纷投入她的麾下，帮她打拼事业。

要做首不做尾，要做上不做下

王雪红 V

希望十年后，可以做到百亿美元的企业，向英特尔看齐。如《圣经》所讲的，要做首不做尾，要做上不做下。

背景：

在IT界，王雪红就像一个女神一样，不论在管理上还是在经营上，她都有着自己独特的魅力。也正是靠着这份独特的魅力，王雪红才能吸引众多的优秀人才到她的“企业王国”，和她一起闯天下。

当王雪红怀揣着伟大的梦想“打造中国芯”时，这条路就注定不寻常。在男性主导的科技领域里，能够有一番作为的女性是寥寥无几的，更何况，王雪红走的是一条满是荆棘的路：不做“代工厂”，打造自己的品牌。

在王雪红的字典里，从来就没有“困难”两个字。“希望十年后，可以做到百亿美元的企业，向英特尔看齐。如《圣经》所讲的，要做首不做尾，要做上不做下。”当王雪红说出这句话的时候，她心中希望威盛的事业能够越做越大。对于事业版图，身为基督徒的王雪红是这样描述的，“谋事在人，成事在神，会不会做到，要非常努力，还要神的祝福。”

而威盛和HTC能有今天的成就，也就是靠着这种“要做首不做尾，要做上不做下”的敢拼敢闯的奋斗精神，还有她的一支强大团队护航，王雪红的企业才能顺利地“过五关斩六将”，穿过激流，驶入广阔的大海，经受住风雨的袭击。

在这个团队里不得不提一个人，他就是王雪红的丈夫，现任台湾威盛电子股份有限公司总经理的陈文琦。

1992年，威盛的发展进入一个关键性阶段。为了推动威盛更好地发展，王雪红在仔细地分析了周围的环境和自身条件的不足后，决定找一个在技术方面十分精通并有着战略眼光的技术合作人，以弥补自己在技术方面的短缺。于是，她找到了陈文琦。

陈文琦年轻的时候就有一个梦想：成为在大海上四处遨游的船长。当王雪红在一次宴会上初遇陈文琦时，陈文琦已经开始了自己的创业道路，并取得了初步的成功——他创立的Symphony公司正处于上升期，而且在华人科技圈里小有名气。虽然那是他们第一次相遇，却一见如故。他们有着共同的话题：对创业的看法、对行业的理解、对未来发展的打算等。这让王雪红在找到陈文琦并力邀他加入自己的威盛时，多了一份默契。

对王雪红的力邀，陈文琦虽然经历了一番思想斗争，但最终还是被她诚恳的态度和她所描绘的美好愿景打动，决定卖掉自己的公司，和王雪红携手共进，同心协力引领威盛集团在竞争激烈的芯片行业打出一片天地。

陈文琦之所以愿意加盟威盛，更多的是被她的魅力打动：执著不悔的精神、远大的理想、美好的愿景、擅长经营的天赋、精于管理的理念、真诚的态度、专注的目标、不怕困难的精神、高瞻的眼光……可以说，王雪红身上有太多他欣赏的优点，而最为诱惑的魅力就是王雪红身上散发出来的女性企业家魅力：豪门千金女自立拼天下，胸怀民族梦独闯芯片路。

点评:

"要做首不做尾，要做上不做下"，当企业经营者在创业初期或者企业发展中遵循着这个伟大的愿景并付之踏实的行动时，企业家自身就获得了很高的魅力值，他身边的朋友也愿意亲近他，拥护他。这是因为企业家不是独行侠，需要有自己的合作伙伴，需要有一支强大的团队来帮助他一起实现这个梦想。然而企业家究竟该怎么做才能将优秀的人才吸引过来呢?

每个人都是有梦想的，对于优秀的人才，企业家要给他们提供一个可以展现梦想的机会，这个机会就是企业家对未来的战略规划蓝图。但这个蓝图不能是凭空构造出来的，每一步都要有可执行性，这样才能英雄惜英雄。

选择志同道合的人，一起创业

王雪红 V

我在创业的时候从来没有想过对手，因为我觉得做对的事情，就能实现梦想。有一批志同道合的人，一起来创业，这是非常美好的事情。

背景：

“找对的人”，这在王雪红看来，是一件非常重要的事情。

每当被问及威盛成功的经验时，她都会不假思索地说是“找对的人”。“找对的人。我和陈文琦、林子牧各有分工、擅长。陈文琦有很好的策略观，眼光长远；林子牧带领研发深度很够，我在行政方面可以帮助他们。我们互相尊重，是一个partnership的企业。”

作为partnership的企业，王雪红没有把威盛的今日成就全部归功于自己，而是归功于团队。其实，在刚刚创业时，王雪红就

明白：如果想要企业获得长久发展，就必须有自己的partner，要“找对的人”。

应该说王雪红是幸运的。早在大众电脑公司时，王雪红就认识了他们。更巧的是，林子牧和陈文琦都是台大电机系毕业的，都在加州理工学院读过书。王雪红在创立威盛的时候，凭着自己独特的女性企业家魅力将他们纳入自己的创业合作伙伴圈里。陈文琦负责规划制定战略，王雪红负责市场营销和管理，而林子牧专攻技术研发。在这个由王雪红、陈文琦、林子牧组成的“铁三角”带动下，威盛就如一艘动力十足的轮船，在强大马力的支持下向前直航。尽管航行中遇到了来自英特尔的全球围剿，但这艘轮船并没有在暴风雨中沉下去，而是平稳地行驶了过来，最终和英特尔从对手走向了“竞合”关系的道路。在和英特尔打官司的这些年里，王雪红一直都以英特尔为镜。可以说善于借鉴对手的成长之路，是王雪红敢于和对手竞争的筹码。

这也是王雪红作为一个企业领导者的气魄、胆识、智慧和勇气的表现，因为她知道独木不成林，正是她的“铁三角”团队给了她平稳的后方，给她支持的力量，她才有更大的底气去和英特尔“战斗”。

然而，王雪红毕竟不是常人，她有着常人无法比拟的勇气和过人的胆识：任何时候都不怕从头再来。1997年的时候，威盛终于可以暂时甩掉英特尔的围追堵截，喘一口气休息休息了。恰在此时，金融危机爆发了，一场前所未有的金融危机席卷了整个亚洲市场。

一时间，整个市场陷入了经济寒潮，企业受灾严重。很多企业走到了破产的边缘，即使没有被寒潮摧折的企业，也开始韬光养晦。

这时候谁也不敢轻举妄动。但王雪红却亮出了自己的牌：进行第二次创业。

在常人看来，这是无法理解的。何况，这是在金融危机的非常时期。但王雪红就这么做了。

1997年5月15日，王雪红、卓火土和周永明联合了九名工程师齐聚在台湾的桃园县，共同创办了宏达国际电子股份有限公司，这家公司的英文名为High Tech Computer Corporation。从公司的名字就可以看出，王雪红对自己第二次创业的期待：跨出国门，走国际化道路，创立一家真正属于中国的世界化品牌公司。

这是一条艰辛而漫长的道路，王雪红从来没有想过要孤军奋战。在这条道路上，陪她风雨兼程，勇闯大风大浪的是她的亲密合作伙伴：卓火土、周永明。他们三个就像一个支架的三个角，牢牢支撑着HTC这座大厦，离开任何一个,HTC都有可能会倾倒。HTC能够从一个刚创立时只有简陋到连窗户都没有的小办公室的公司到现在成为全球最大的智能手机生产厂商之一，这样一个神话般的奇迹是谁创造的？

没有人会比王雪红更有资格获得这个荣誉，但王雪红没有把这个荣誉归给自己，而是给了她的两位合伙人，卓火土和周永明。如果没有他们，王雪红也不会在这么短的时间内取得这么大的成就。可以说，王雪红在第二次创业的时候，同样是“找对的人”。

点评：

“有人愿意帮你实现梦想，这可是求之不得的好事，为什么要拒绝？”当卓火土和周永明找到王雪红想和她一起创业时，他们惊讶地发现原来说服她投资自己的公司要比想象中的简单多了。作为一个创业者，你是否想过，当有人帮你实现梦想的时候，你还有什么理由拒绝？

不是每个人都有那么好的运气，能够得到贵人相助，能够找到适合的投资人和合伙人。然而当机会来临时，就要把握住。创业其实就是寻找合作人的过程，有了合作人就等于有了充足的资金，再加上每个人在各自的领域有着自己的专长，这样的“黄金组合”简直是天作之合。当然，合作人之间的信任很重要，能够走到一起也正是靠着这份信任。

“迦南”的诱惑

王雪红 V

威盛集团要做全球最有价值的公司，做最有价值的公司就要与全球最优秀的公司竞争，并且不能局限于某一个方向，与某一领域最优秀的企业竞争。要做到让全世界的公司都跟随自己的脚步前进。

背景：

“迦南”在《圣经》中是一个流着奶和蜜的地方，它更是圣徒们心中的圣地。摩西为了到达这片神圣的土地“迦南”，用了40年时间。如今，威盛也为了能够早日到达“迦南”这片圣地，而坚持着，努力着。

“威盛集团要做全球最有价值的公司，包括旗下的威盛电子、宏达集团、多普达、广达等，都要做最有价值的公司。做最有价值的公司就要与全球最优秀的公司竞争，并且不能局限于某一个方向，与某一领域最优秀的企业竞争。要做到让全世界的公司都跟随自己的脚步前进。”王雪红这样描述着心中的“迦南”圣地。

从一个刚创业时心中只有模糊的愿景——做中国人自己的芯片，而且还要把“中国芯”做成世界一流的产品，到现在有具体的战略计划和可实施的愿景，王雪红在慢慢拉近镜头，将自己心中的梦想分割成一步步可实现的计划。当王雪红宣布这一计划时，在北京的威盛公司已经悄悄地将中关村的宣传广告招贴全部换上了P4X266主板的大画面。

“迦南”像一块磁石一样吸引着王雪红：“我们在决策的过程中也许会有一些失误，计划也会有一些变化，但不变的是坚持，威盛到达‘迦南’的愿景是不变的。是的，‘迦南’是我们心中的愿景，总有一天我们会达到的。”作为企业管理者的王雪红，心中时刻都不缺少在梦想上投入资源的勇气。

这也正是王雪红身上独有的女神魅力：在清晰愿景的指导下，她能够在恰当的时机，选择恰当的时间调整决策中的失误，并且认为对的事情就一定会获得成功，这就像王雪红对上帝的坚定信仰一样。“迦南”计划，这个企业未来的发展蓝图就像磁石一样，吸引着和王雪红志同道合并愿意为之付出艰辛努力的员工们，奋勇向前，拼搏向上。

之所以要做全球最有价值的公司，是因为“在某些方面，威盛旗下的公司已经或正在成为最有价值的公司。比如威盛电子，虽然曾经长期面临与英特尔的竞争，但销售规模仍然是全球第二。但仅是销售规模大并不见得最有价值，最有价值的企业要成为规格的制定者。在某些方面，威盛已成为规格的制定者，引领全球企业。”这也就是说，威盛还不是一个无懈可击的完美公司，所以需要不断进步。

2001年，威盛推出了全新的、基于“奔腾4”的威盛芯片组的精英主板，再一次触怒了“大象”英特尔，遭到英特尔的攻击。英特尔以侵犯英特尔P4的专利权为由将威盛再一次告上法庭。这一场官司虽然输了，威盛却成了中国IT人心中的“平民”英雄。

可是，这并不能让王雪红满足。如果威盛就此停止不前，那么她心中那个远大的“中国芯”梦想就不能实现了，所以威盛要由“强”变“大”。2002年，威盛开始了漫漫长征路上的第一次公司重组行动，并强化各产品线的市场竞争力，转型为全方位的平台解决方案供应商。担任威盛CEO的陈文琦为这个计划取了一个很好听的名字“迦南计划”。

每个公司都有自己的“迦南”。对于这一次计划，王雪红充分展示了她的管理魅力。对于与威盛有关的33家企业，王雪红并不是每一家都亲自打理，更多的时候是放权给公司的高层管理者。王雪红有一条用人规则，那就是“用人不疑”，所以她相信这些高层管理者就能把这些公司带到“迦南”。

点评：

愿景是战略与文化的交集，它既是战略的指引者，也是文化的

导航者。当一百年前的亨利·福特说出“使每一个人都拥有一辆汽车时”，很多人都以为他是疯子，怎么能口出这样的狂言呢？但是一百年后的今天，如果有人再说这句话时，每个人都认为这是再正常不过的梦想了。我们也要为那些曾经嘲笑过他梦想的人遗憾，因为他们根本就不知道什么叫梦想。

当企业在表达它的愿景时，这份激情是任何人都无法理解的。愿景的力量就在于它的朦胧美，就像月亮与心的距离。这种朦胧美是一种感动的温存，同时也赋予人一种想要征服世界的野心。非野心不能建立推动企业持续发展的动力系统；非野心不能建立一支豪情万丈、搏杀商场的坚韧团队；非野心不能实现看似根本难以实现的愿景。所以，企业管理者要明确表达出企业的愿景，因为它会“诱惑”和团结每一个有梦想的人，使企业的步伐更加坚定。

选的人一定要有我值得学习的地方

王雪红 V

我选择经理人的标准是我自己，比我更优秀，能力更强，更重要的是，要诚信。

背景：

“她刻意淡化自己的色彩，把荣耀集中在专业经理人身上。另外，她在股份上真的很大方。”这是王雪红公司的骨干们感念她的地方。没有领导架子的王雪红，走的是一条柔性管理之路。很多时候，她会退居幕后，充分授权，她选出的那些职业经理人心有多大，王雪红就会给他们提供多大的舞台。

王雪红之所以能够如此信任职业经理人，是因为在选择经理人的时候，是按照她自己的标准来的，并且要“比我更优秀，能力更强，更重要的是，要诚信”。

诚信被王雪红放在了第一位。人无信则不立，没有诚信的人是没有商业道德的，也不可能带领企业走向更好的未来，更不可能交到真心的朋友，吸引到优秀的人才。对这一点，王雪红深有体会。

王雪红在刚创立威盛时，需要找一个强有力的团队。但对于一个初出茅庐什么也没有的人来说，是很难在短时间内凝聚到很强很广的人脉的。这时候，是父亲王永庆的信誉为她带来了威盛最初的团队，使那些在美国有着优越工作条件的科技人才可以放下所有已经得到的东西，和王雪红一起打拼事业。这对王雪红来说，是一份无比宝贵的人力资源。

所以，深受父亲影响的王雪红不管做什么事，只要“言出”就“必行”，而对那些能够成为自己职业经理人的人也必定要诚信。这是出于双方互信的要求。

其次，作为自己的合作伙伴，一定要有值得自己学习的地方。只有比自己更为优秀的人，才能担当公司的大任，事实上也的确如此。

当威盛的发展上了一个台阶之后，王雪红感到靠自己一个人独自打拼是无法带领威盛走向更远的未来的。于是她找到了陈文琦，因为陈文琦身上有太多值得她学习的东西。此外，还有第一次创业时的林子牧，他和陈文琦一样优秀，于是王雪红就把他们聚集到自己身边，一起奋战商场。当然，王雪红在他们眼里也是优秀的，她谦虚、热情、执著、坚定、勇于挑战、有着远大的梦想，可以说正是王雪红身上散发出的这种魅力说服了他们，而最吸引他们的则是王雪红从内心深处表现出的真挚情感。

同样，王雪红在第二次创业时所选择的伙伴——卓火土和周永明，也是非常优秀的人才。

卓火土在业内是一个传奇，在没有创立宏达之前，他曾在迪吉多公司工作，每天都工作到凌晨三点。凭借着过硬的技术实力，他曾进入了迪吉多全球排名前20名工程师的席位。周永明也是一位非常优秀的工程师，他们之间既是朋友，又是师徒。

事实上，这已经不是第一次合作了。早在1992年，卓火土和王雪红的技术合作就开始了。当1997年卓火土离开康柏，加入到王雪红的团队时，王雪红已经等了他好几年了。

对完美有着执著追求的卓火土和善于“从鸡蛋里挑骨头”的周永明，两人都有个有趣的雅号，一个被称为“完美先生”，一个被美国的《福布斯》杂志称为“细节先生”。“周永明永远会有出人意料的新想法，而卓火土严谨务实，他永远会提醒你注意成本，注意技术的可操作性。”这也正是王雪红用人的原则：比自己更优秀，更能干。

点评：

对于比自己更优秀的人才，我们应该用诚恳的态度邀请他们来，即使第一次不成功，但是第二次，第三次，总有一次邀请会让他们感动，只要我们不放弃。历史上曾经有刘备的“三顾茅庐”，可见

他对贤良人才的渴求。

其实，企业家有时候不一定都要文武兼备，但一定要是个“伯乐”，能够识别人才、爱才、惜才，只有这样才能让他们倾尽一生为自己打拼事业。这种亲密的合作伙伴关系就像诸葛亮、张飞、关羽之于刘备，荀彧、郭嘉之于曹操，房玄龄、魏征之于唐太宗，狄仁杰之于武则天。此外，企业家还要信任他们请来的人才，这样企业内部才能有强大的凝聚力和奋进力。如果企业家把请来的人才仅仅当作是一个可以给他们制造价值的赚钱工具，这是对人才的不尊重和不负责，同时也是对自己的不负责任。

每天所做的事情就是了解他们，挑战他们

王雪红 V

我用人不疑，如果不相信他，就不要请他。我每天所做的事情，就是了解他们，挑战他们。

背景：

作为HTC创业“铁三角”团队里唯一的女性，王雪红所创造的财富贡献是难以用数字来解读的。

她身上有着太多可以让人学习的优点：有着敏锐的商业嗅觉，有着丰富的经营和管理经验，同时有着对产业趋势的准确判断力，并且知人善任，礼贤下士，没有领导架子。她创立的公司一般都不会有太长的蛰伏期，每一次爆发，都必会给市场带来强大的震撼，令外界为之惊叹。

肯定有很多人想知道，王雪红成功的秘诀是什么？“冰冻三尺，非一日之寒”，一位曾在王雪红身边做事多年的中级管理人员这样感叹：“王雪红能成功，最重要有两个原因：一个是礼贤下士，另

一个是她的领导统御能力。对于她想要的人才，她会想尽办法把对方请来。高薪、高职位是一定有的，但她做得更多的是，会充分让你感受到被重视，从最底层去建立你的忠诚度。”

是的，对于自己的职业经理人，王雪红不仅仅只是把自己看作是他们的合作伙伴："所有的企业我都交给职业经理人了。如果他能做好，我只要提供资金和其他方面的协助就可以了。有时候一个刚成立的公司，我会扎进去，帮助职业经理人。如果他行政方面薄弱，我就做行政；如果他财务方面不足，我就协助做财务。”

在管理上，对于那些做得不错的职业经理人，王雪红能够充分授权。一位主管这样说："她从不过问营运细节，就是拿财务报表给她看。”同时，王雪红还会及时了解他们的所需，为他们提供资金和其他方面的支持，并为他们提供一个可以施展自己才艺的舞台。

授权是企业管理中的重要组成部分，也是企业领导者必须掌握和学习的一门艺术。很多企业之所以失败，就是把握不住授权的尺度。在中国的企业里，很多管理者出于对员工的不信任，喜欢事必躬亲，并监控员工的一举一动。这不仅会扼杀员工的积极性和主动性，也会扼杀他们的智慧和创造能力。长期下来，企业的员工便不再信任自己的老板，也不会努力工作，一旦惰性形成，责任心会大大降低，造成权责不清。最后的结果可想而知。

“我用人不疑，如果不相信他，就不要请他。”王雪红曾对采访她的《环球企业家》的记者这样说起她的用人准则："我每天所做的事情，就是了解他们，挑战他们。”最重要的一点，也是王雪红最为强调的，了解他们，挑战他们，让他们觉得没有后顾之忧。

的确，在王雪红创业的历程中，王雪红为她的职业经理人解决了很多后顾之忧。例如：王雪红每个月都会支出2亿元左右的研发经费给在海外带领研发团队的林子牧，这笔经费是IT行业内的最高标准。再例如，她曾经把宏达的首席执行官周永明送到哈佛商学院攻读MBA课程，好让他担当得起大任。

对于这样的协助，王雪红以一种最简单的想法看待：“大概是因为我本身就比较叛逆，也向往自由，我希望研发人员有足够的发挥空间。”

点评:

很多企业家都有一个难以解开的心结：企业是我付出了比别人更多的艰辛汗水才达到了今天的成就。它就像我的一个孩子，从胎盘时期，我就开始供给它营养了，它是我一个人辛辛苦苦拉扯大的，和别人无关。如果要找继承人，也是和我有血缘关系的人，不管怎么样也不能让企业的大权旁落。

另外一方面，由于企业发展的需要，企业家发现仅仅靠自己的努力，是无法将企业做强的。于是他们找来一些能力强的职业经理人，也就是合伙人，帮他一起打理公司。虽然企业家觉得自己已经很开明了，但实际上并没有充分授权，因为他们始终有这样一份理念：企业是自己的。这样，职业经理人就不能充分发挥自己的聪明才智，同时也因为得不到信任，和企业家之间产生很大的矛盾。他们越要求企业家放权，企业家就越不放，这样，矛盾就会越闹越大，最后企业内部就会出现很大的危机。

其实，不妨学学王雪红的大度，学学她的“用人不疑”，学学她的“了解他们，挑战他们”。人和人之间靠的就是信任，没有了信任，企业家和员工之间就不能很好地配合前进，到头来最终损害的还是企业家自己的利益。

他应该和我一样努力

王雪红 V

我选择一个CEO时，总是好奇，他到底是不是和我同样努力？我会从头到尾鞭策他、向他灌输这种理念。

背景：

在企业界，王雪红一直有一个称号，叫作“拼命三娘”。这不是人们对她的贬低，而恰恰是对她的最大赞赏。在她身上，你会发现一股甚至是男儿身上都没有的“拼命劲儿”和不服输的精神。她的合伙人周永明曾这样评价自己的老板：“很豪放，有男人的胸怀。”而用王雪红自己的话说，她从来没有把自己当女儿看。

越是困难的事，王雪红就越喜欢挑战。她曾经总结说：“困难是一个人成熟的机会。一个人要成功，就得选最困难的事情去做。”正是她身上表现出的这种敢于挑战的无畏精神，威盛和宏达在她的带领下才会一路高歌猛进，双双上市，最终问鼎台湾股价的“股王”。

王雪红深深懂得：世界上没有不劳而获的果实，任何东西都要靠自己的努力去争取。1992年，当英特尔的首席执行官安迪·格鲁夫警告王雪红不准做芯片时，王雪红感到非常气愤：美国芯片组早期带头研发的人几乎全是台湾地区的留学生，为什么他们就不能做？况且英特尔研发出来的东西都卖得很贵，这本身就产生了不公平的市场。王雪红越想越不服，于是决定和英特尔“拼了”，并启动团队作战计划进行新技术的研发和拓宽销路工作。

经过7年的努力，1999年威盛终于上市了，而且迅速拿下全球70%的芯片组市场。这时候稳坐全球IC市场宝座的英特尔公司开始坐立不安了，急告威盛侵权。在迎战英特尔的日子里，作为威盛董事长的王雪红曾先后飞到世界各个地方参加了100多场听证会。“拼命三娘”的努力没有白费，英特尔最终撤回了诉讼，提出双方和解，成为竞合关系。

这股“拼命三娘”的精神在创立宏达的时候，表现得更为明显。正是由于有这股精神，王雪红敢于叫板苹果“教主”史蒂夫·乔布斯，这在行业里被传为一段佳话。

所以，王雪红在给自己选职业经理人时才会说：“我选择一个CEO时，总是好奇，他到底是不是和我同样努力？我会从头到尾鞭策他、向他灌输这种理念。”在王雪红的“企业王国”里，没有免费的午餐。如果一个人想要获得成功，就必须付出艰辛的努力。

当王雪红打算在北京的中关村成立威盛电子（中国）有限公司时，她要做的第一件事就是寻找人才。这时候，王雪红找到了徐涛。

徐涛和王雪红一样是台湾人。自台湾大学电子工程系毕业后，徐涛就一直从事IT行业。在这个行业里摸爬滚打了多年的他，有着深厚的市场营销和企业管理经验。

2000年，一个连接了王雪红和徐涛的越洋电话，让两人结下了不解之缘。电话一头的王雪红兴奋不已的向徐涛说着她的“中国芯”梦想，威盛要“做世界第一流的中国人自己的芯片”。这个蓝图让徐涛的心瞬间澎湃起来。在这短短的17分钟里，凭着对“大陆将成为未来全球IC产业竞争制高点”的笃信，以及自己对大陆经济高速增长的敏锐嗅觉，徐涛就坚定了加盟威盛的信念。就这样，徐涛辞去了原来的工作，只身来到北京，成了威盛电子（中国）有限公司工号为0001的员工。

从燕山一个120平方米的房间开始，徐涛开始了他艰辛而又任重道远的“中国芯”之路，同时也开始了执掌威盛中国的职业生涯。刚开始创业的日子异常艰苦，他每天要工作10到12个小时，几乎没有休息的时间，更别说跑步和看书了。那段时间虽然很苦，但却也是非常充实的。

上天永远是公平的，一分耕耘就会有一分收获。威盛中国在徐涛的努力下，事业蒸蒸日上。威盛电子（中国）有限公司从临时办公的燕山酒店搬进了新建的极具硅谷风格的威盛大厦，并拥有了一支强大的、充满朝气的精干队伍。同时，徐涛还完成了威盛电子（中国）有限公司的帝国缔造工作：矗立在北京中关村清华科技园的中国区运营总部；上海张江科技园的重点技术研发中心；杭州、深圳等地的应用技术中心。威盛电子（中国）有限公司也成为威盛在全球的三大战略中心之一。

徐涛没有辜负王雪红的重托，完成了威盛电子（中国）有限公司的企业使命。这同时也显示出了王雪红的慧眼识人本领。凡是她发现的每一匹千里马，都是可以独自驰骋疆场，战出一片伟绩的好马。而在任用这些人时，王雪红考量他们最重要的标准就是“他是不是和我一样努力”？

点评：

作为一个企业管理者，没有抗压能力和努力拼搏的精神，就不是一个合格的CEO。同时，也没有一个员工会为一个“什么都不做”的老板打工。这样的老板，不会使任何人臣服，也不会得到任何人的尊重，最终会“众叛亲离”。

在企业中，领导者的个人影响力是很大的，可以说，领导者的一言一行，员工们都看在眼里。选择是双向的，既然老板可以选员工，那么员工也可以选老板。那些有着伟大愿景、清晰目标、温和态度、拼搏精神的老板更容易获得员工的青睐，也更容易调动员工的积极性，激发他们的工作潜能，带领企业走向更美好的未来。

四、危机中的信仰

危机中的信仰，也就是管理者在企业危机中所坚持的信仰。它是企业为应对各种危机情境所进行的规划决策、动态调整等活动过程，其目的在于消除或降低危机所带来的威胁和损失。在很多人看来，现代企业面对危机，必然会死亡，但普林斯顿大学的诺曼·R. 奥古斯丁教授认为，每一次危机本身既包含导致失败的根源，又孕育着成功的种子。发现、培育，以便收获这个潜在的成功机会，就是危机管理的精髓。

很多管理者都曾错误地估计形势，这是不良危机的典型。如果处理得当，危机完全可以演变成“契机”。这也是王雪红能够成功的原因，因为她始终坚持危机中的信仰——“瘦鹅理论”。

“瘦鹅理论”

王雪红 V

每当遇到挫折的时候，我就想父亲会怎么做呢？会不会放弃？困难是一个人成熟的机会。

背景：

王雪红在创业时遭受到了太多的艰难和困苦，但是她一直没有放弃。“每当遇见挫折的时候，我就想父亲会怎么做呢？会不会放弃？”对王雪红来说，虽然出身豪门，但白手起家的她从父亲那里获得最大的财富不是金钱，而是强大的精神力量。

每当王雪红遇到困难的时候，她就会想起他的父亲。在王雪红看来，父亲就像自己人生中的灯塔，照亮了自己前进中的道路。不管遇到什么样的挫折，王雪红都以最乐观、最坚韧的心态去面对。有时候，她会不自觉地翻看父亲以前写给她的那些“家书”，读着父亲写给她的那些教她做人的道理，心中是一种难以言说的复杂情

状。她至今还保留着父亲每周写给她的那些长达十多页，或长达二三十页的信，这些信讲的都是做事做人的道理还有企业经营方面的经验。

父亲留给她的这些精神财富在王雪红的企业经营中起到了重要作用。其中有一个“瘦鹅理论”对王雪红的影响极大。在很多场合下，王雪红都提及了父亲王永庆的“瘦鹅理论”。

什么是“瘦鹅理论”呢？就是鹅很耐饥饿，没食的时候饿着，有食的时候拼命吃，最后一样长得很肥。

1941年，台湾的农村几乎每家每户都养鸡、鸭、鹅等家禽。当时正值二战时期，物资匮乏，很多人都在经受着“饥荒”的威胁。人都没有足够的食物填饱肚子，更别说家禽了。这些靠野草和野菜为生的家禽瘦得只剩皮包骨头。

看到漫山遍野都是瘦弱不堪的鹅时，王永庆心想：这么瘦的鹅也没有什么商业价值了，但如果能想办法找到饲料来喂它们，也许能提高它们的价值。一次偶然的机会，王永庆发现一些被随手扔掉的菜根和粗叶可以用来当饲料，此后他又到碾米厂以低价买回了一些碎米和稻壳，将它们与剁碎了的菜根和粗叶搅拌在一起。然后又走家串巷，四处收购瘦鹅。此时的农民正为这些瘦弱不堪的鹅发愁，看到有人专门收鹅，喜不自禁，就把自己的鹅全都送到王永庆那里。王永庆把这些鹅全部圈养起来，给它们喂自己调好的饲料，仅过了两个月，这些瘦鹅的重量就由原来的二斤增长到了七八斤。瘦鹅变成了肥鹅。

从瘦鹅身上，王永庆得出了一个结论：逆境之中不要放弃，不要倒下去，只要坚持下去，就一定会等到时机。在王雪红看来，这就是困难带给自己的收获：让自己更成熟。

在与英特尔打官司时，王雪红曾经痛哭过。面对着英特尔咄咄逼人的嚣张气焰，威盛遭遇了前所未有的困境，股价一路下跌，人们眼中的“股王”一下子变成了“垃圾股”。这时候就连父亲也对她破口大骂，还有部分威盛的小股东们甚至直接在股东大会上质问她：“你父亲王永庆的公司经营得那么成功，为什么你却把威盛搞得那么惨？”媒体也纷纷报道王雪红“玩衰”威盛，种种非议和指责在王雪红的耳边响起。那时的王雪红感觉走到了人生中的最低谷。但她没有倒下去，而是奋起反击，最终王雪红熬过了“没食”的时候，走过了逆境。

如今，王雪红旗下的企业就有四十多家，其中威盛和HTC是最成功的。它们之所以最成功，是因为它们曾经面临过巨大的挑战，并且熬过了“没食”的时候，最终迎来了发展时机。

点评:

英国作家、文学评论家塞缪尔·约翰逊曾经说过这样一句话:″成大事不在于力量的大小，而在于能坚持多久。″有时候，并不是力量大，就可以成就大事，贵在坚持。所以，企业在发展过程中，不要因为一时市场的占有率下降而放弃当初自己坚持的道路。事情是处于发展变化中的，只要企业家坚定自己的道路，并坚守好自己的大本营，那么就有东山再起的机会。

也如英国的哲学家伯特兰·罗素所说的那样：“伟大的事业是根源于坚韧不断地工作，以全副精神去从事，不避艰苦。”做企业是一件伟大的事业，更要全力以赴。当企业遭受逆境的时候，恰是锻炼企业人员的最佳时期。在困难时期，要学会忍受饥饿，坚韧不屈，以全副精神去奋斗，等时机到来的那一刻便会成功地“大逆转”企业的生存局面，就像“瘦鹅理论”所说的那样。

做最大的IC设计公司

王雪红 V

我们也希望要做最大的IC设计公司。我有梦想，但也非常务实。

背景：

要做就要做最好的。

“我们也希望要做最大的IC设计公司。”一直以来，英特尔都是IC世界里的霸主。这个梦想看起来似乎就像一个激情的演讲口号，没有多大的实际意义，但“我有梦想，但也非常务实”。王雪红从来都不是一个说大话的人，越是困难的事，她越要去做。

2002年2月，王雪红启动了一个非常大的“野心”计划——“迦南计划”。这是一个庞大的组织再造工程，威盛将其主要经营的项目按核心产品类别划分为不同的商业单元。2003年，威盛电子子公司威腾光电和威瀚科技公司成立，它们是威盛多样化战略实施的直接体现。

作为威盛经理人的陈文琦将这个“迦南计划”解释为：针对下一代电脑推出平台解决方案，除了加强图形、无线通信之外，还包括兼容所有的操作系统。

这个通往美好“迦南”的计划，将是威盛起航的平台。借助这个计划，威盛号称5年后将成为全球最大的IC设计公司。

每个公司都希望做到最好，威盛也是。当时威盛电子品牌的地位已经很高了，但并不是最大的。在激烈的竞争环境下，威盛随时都有可能被蚕食。市场就是另一个“优胜劣汰”的大自然规律重演者。

所以，威盛要实施“大国战略”，这样才有更大的发言权和制动权。而没有发言权和制动权的公司则处于一个完全被动的局面，就像当年英特尔无端挑衅威盛一样，给正在发展中的威盛造成了很大的打击，甚至可以说是致命的：威盛股价由“股王”变成“烂股”，企业内部的指责和谩骂声一片，伴随着的是员工的不信任和辞职。

于是，王雪红不得不迎战英特尔。当时人们这样形容威盛和英特尔之间的差距：“英特尔溅出的一滴口水，可能会把威盛淹死。”但王雪红没有害怕，初期靠着二姐大众电脑公司的订单维持生存。后期康柏订单的出现，使威盛从靠着大众电脑公司的庇佑下脱离了出来。借着这个契机，威盛的羽翼日渐丰满，终于闯出属于自己的一片天地。

1999年7月，威盛电子正式推出了与英特尔规格不同的PC-133内存规格。由于英特尔主推的“奔腾3”处理器RAMBUS内存规格的性价比不敌威盛的PC-133内存规格，乘英特尔的一时疏忽，成就了威盛电子在全球芯片组市场举足轻重的地位。威盛便选择趁热打铁，进军计算机科技最核心的部分——CPU。接着，威盛电子成功并购Cyrix（国家半导体的一个部门）以及Centaur（微处理器公司），直接切入了英特尔的核心事业，威盛的声名进一步扬名海内外。

2001年，威盛推出自己的“奔腾4”P4-X266产品，由于未得到微软的专利授权，威盛再一次被告侵权。事实上，作为“大哥大”的英特尔说刚刚入列“新兵”的威盛侵犯了它的专利权，就算没有事实上的依据，很多人也会“宁可信其有”，随着英特尔的枪“指哪儿打哪”。伴随着英特尔的一次又一次诉讼，很多客户对威盛的信心开始下降。

就这样，虽然后来双方成了竞合关系，但这使威盛走了很多不必要的弯路，也造成了很多不必要的损失。但对于对手英特尔，王雪红是怀着感恩的心的，是它教会了自己成长，也让自己有勇气挑战做“最大的IC设计公司”。

点评:

世界上没有绝对的事情，只有相对的事情。有对手不一定是件坏事，如果能够以正确的心态对待它，这恰是促进自己成长的最好时机。企业家每走一步都要明白自己这样走的理由，不能将自己的每一个梦想或者计划架构在有地下空洞的地面上，这样很容易引起塌陷。

梦想要务实，脚步要踏实，信心要坚定，意志要顽强，同时还要善于吸取教训，让自己更加成熟，这样企业才能走得更远。没有一个人愿意失败，也没有一个人愿意被困难打倒，企业家必须像“不倒翁”一样，再怎么打它，它都不会被打趴下。所以，企业家要想成就一番事业，就必须学会在枪林弹雨中生存，并让自己更强大！

摩尔定律：冲破常规，寻找新盈点

王雪红 V

难道国外最先进的技术就是对的吗？速度就是衡量电脑CPU的唯一指标吗？显然不是。

背景：

“难道国外最先进的技术就是对的吗？速度就是衡量电脑CPU的唯一指标吗？显然不是。”在谈及威盛“中国芯”的研发理念时，王雪红并没有把成为芯片组领域的主导者，把在CPU领域和英特尔的激烈竞争作为自己的终极目标。王雪红的“企业规划梦想”比这还要大。

与IT巨人英特尔追求“速度”不同的是威盛“中国芯”追求的是“低耗能”。按照陈文琦的解释就是：“从一开始，威盛与英特尔走的就不是同一条路，英特尔强调性能，威盛不单纯追求芯片性能，而是强调性能与应用的结合。”这种“性能与应用的结合”，其实走的就是一条“低能耗”之路，同时也是在向英特尔在过去几十年发展过程中赖以生存的摩尔定律宣战。摩尔定律是由英特尔创始人之一戈登·摩尔提出来的。其内容为：当价格不变时，集成电路上可容纳的晶体管数目，约每隔十八个月便会增加一倍，性能也将提升一倍。换言之，每一美元所能买到的电脑性能，将每隔十八个月翻两倍以上。

在英特尔三十多年的历程中，有两条生动传神的发展曲线能够很好地说明英特尔发展的“快速度”。一条是摩尔定律曲线，每隔十八个月，英特尔的芯片性能就能翻一番，另外一条是英特尔股票的曲线。令人惊诧的是，在这三十多年来，英特尔的这两条曲线始终都一致平行向上，表现出势不可当的发展势头。

从这点上看，英特尔的确很厉害。但好马也有失蹄的时候，2000年开始，两条曲线开始出现了背离：摩尔定律曲线依旧保持着它昂扬向上的姿态，但股票曲线却出现了下滑迹象。它在向人们传达这样一个消息：作为全球芯片组老大的英特尔不可避免地走到了一个转折点，这预示着新的产业时代即将到来。

因此，王雪红及时调整了威盛电子的发展道路。单靠芯片组是不能推动企业长久发展的，“奔腾3”的辉煌时代已经一去不复返，如果想要使威盛电子获得更加长远的发展，就要寻找新的盈利点。

在“奔腾3”时代，威盛适时推出的PC-133内存规格获得了市场的很大反响，也为威盛赢得了一席之地。但是到了“奔腾4”时代，威盛的P4芯片并没有获得预期收益，相反，还处于不断下滑的状态。这与王雪红受到英特尔公司的诉讼困扰和专利问题有关。但这并不是理由，王雪红意识到如果只靠芯片组，威盛的未来发展必将被这个瓶颈所限制，所以必须寻找新的盈利点。

这时，王雪红将目光锁定在了光储存媒体和嵌入式平台上，只有把这两个新的盈利点结合起来，威盛才能有更加广阔的发展未来。多元化发展，就意味着自己的竞争对手又多了。在光储存媒体芯片市场上，威盛又多了一个对手——联发科。对于已是DVD-ROM等光储存媒市场霸主的联发科来说，威盛的突然介入让它很不满。

但对于喜欢“独辟蹊径”的王雪红来说，她所走出的每一步都是与众不同的：这件事情大多数人都这么做了，那么我不可能这么做，即使是商业界霸主，我也敢挑战。打破一切常规，不走寻常路，这是王雪红做事的原则，所以她选择的都是最困难的事。

点评:

Huntsman Corp.创始人乔恩·米德·亨茨曼有句名言："你是在生死攸关的游戏中搏斗。你如果从商，就得积极进取，否则就别干这一行。"如果你想在风云变化的市场中赢得自己的地位，那么你必须要把每一场战斗都看成是一场生死攸关的搏斗。没有谁会可怜你，战争本来就是残酷的，你必须全力以赴。

此外，你还要有预见性，有广阔的视野，要随时调整自己的战略，能够应对随时变化的市场。同样，在企业管理中也一样，管理者也必须敢于打破常规，制定新的管理规则，以便适应企业的发展。

市场沉默之时，恰是呐喊的最好时期

王雪红 V

经济危机中，挑战更多，未来的不确定因素更多，要加大投入，才可能有更好的未来。

背景：

不是所有的人都有勇气承包一个“北大荒”，将它变成“北大仓”的，因为做一个拓荒者，需要承担的风险将是常人的很多倍。

但就有这么一群人，他们偏要做“拓荒者”，他们愿意承担如此大的风险，因为他们不怕挑战，也不怕失败。王雪红就是这群人中的一位，而且是极其优秀的一位，她不仅成功地开拓出了一片疆土，而且掀起了一个时代的浪潮，被称为“女神乔布斯”。

1997年夏天，一场金融风暴突然爆发，这是一场别有用心的精心策划，首推者是以有“金融强盗”之称的美国金融投机商乔治·索罗斯为中心的一帮国际炒家。在他们的持续猛攻之下，许多东南亚国家的经济受到了巨大打击，汇市和股市一路狂跌不已。很快这种经济颓势迅速波及整个亚洲地区。一时间，整个亚洲经济提前进入了“寒冬”，受影响最大的莫不是企业了：倒闭的倒闭，破产的破产，就连昔日那些耀武扬威的企业此时也沉默了。

整个经济市场是一片寂静的冬眠。就在这个时候，一个呐喊的声音从威盛传来，发出声音的人准备反其道而行，进军新行业。这个人就是王雪红，这个新行业就是智能手机行业。

20世纪90年代末期，手机作为一个新兴的电子产品出现在人们的视野中，由于其信息传播速度快、方便快捷等诸多优点，给人们的生活带来了许多好处。然而此时的手机却价格不菲，对于普通人来说，是一个奢侈品，拥有手机的人很少。但王雪红却从中看到了商机：随着人们生活水平的提高，他们对信息传播速度的要求也在提升，因此手机和类似的电子产品必将得到广泛的普及。所以，此行业必定蕴藏着巨大的潜力市场。

突然进军新行业，而且这个领域几乎是一片空白，可以说是一件非常困难的事。王雪红究竟是怎么想的？难道她不知道自己扮演的其实是一个市场拓荒者的角色吗？这个行业缺乏用户基础，甚至一度濒临灭绝。

王雪红当然知道。但考虑到威盛电子虽然幸运地突破了英特尔的防线，却没有完全摆脱英特尔，仍在其控制之下，随时都有被它扑上来吞掉的可能性。因此王雪红决定放手一搏，重新打开一片市场。于是就在金融危机肆掠之时，王雪红创立了宏达国际电子股份有限公司。

王雪红的第二次创业是对沉默市场的呐喊。在经济危机中，挑战更多，未来的不确定因素更多，但此时不是退缩的时候，恰恰是投入最多的时候，只有这样才可能有更美好的未来。王雪红坚持这一条原则：“在危机中，要让自己的软体与硬件超越其他厂商，在危机中创新，为下一次市场机遇打基础，这最重要。”

点评：

“宏达做智能手机的时候，全球只有宏达一家。宏达做智能手机的时候，全球的手机市场并不是很好，全球正处于亚洲金融危机之中。后来，智能手机市场成熟，宏达成为全球最有影响力的手机厂商。当然，成功也缘于宏达独特的商业模式。”这是王雪红在经济危机时，对自己第二次创业的肯定。

有时候，大家都以为这是危机，但在一些人看来恰恰不是危机，而是时机，这是因为每个人的视角不同，所以看问题的角度也不同。作为企业的领导人一定要有“狭路相逢勇者胜”的精神，要有广阔的视野和预见未来的前瞻性，保守的心态和限定的视角往往会蒙蔽了双眼。

只要威盛还有钱，我就继续给HTC注资

王雪红 V

所有的资本金都亏进去了。只要威盛电子这边还有钱，我就继续给宏达电子注资。

背景：

1997年，王雪红创办了主营PDA（掌上电脑）和智能手机的宏达国际电子股份有限公司，这是一家为梦想而生的公司，王雪红在创立之初就为它注入了与众不同的基因。

但并不是所有的路都有清晰的指示牌，刚成立的宏达也曾迷失过方向。几个创始人不知道自己要做什么，“当时的想法只是要成立一家公司，做点东西。”周永明说。可以说当时的方向完全是理想化、未来化的。代价可想而知，由于完全看不到市场前景，在刚成立的两年时间内，公司一直亏损，最高竟然达到了10亿台币（折合人民币2亿多元）。

宏达进入了亏损的噩梦中。这件事的起因还得从头说起。

在刚成立宏达时，王雪红就想做一种兼具手机功能的迷你电脑，也就是我们现在熟悉的掌上电脑（PDA）。之所以会有这个想法，缘于她每次出差的感受："因为以前我总到处去秀电脑，那时的电脑都很大，我从西班牙坐火车到德国，上上下下搬箱子，非常累。"由此，王雪红想：如果能用电脑做更多的事情，而且携带又十分轻巧方便的话该有多好呀。这个梦想的种子自此就扎根在了王雪红的心中，直到有一天微软的亚洲代理找到了王雪红。这个代理告诉王雪红，微软已经在Windows95的基础上推出了WindowsCE的软件平台，这是一款专门为掌上电脑设计的操作系统。这个超前的理念获得了广大电脑爱好者的一致好评，也备受瞩目，但却叫好不叫座。

微软陷入了寻找合适的硬件生产厂商的烦恼境地。由于这款产品太过前瞻了，没有稳定的客户群，市场接受度也比较低，很多有实力的硬件生产商都不敢接过微软的单子，尽管微软在竭尽所能地为他们描绘这款产品未来的发展前景。

在这种情况下，四处碰壁的亚洲代理找到了王雪红。当王雪红打开微软的WindowsCE资料时，眼前一亮，"这不正跟我的梦想很相似吗？"兴奋的王雪红当即决定和微软合作，用这个系统来做掌上电脑。得到了微软的授权后，卓火土和周永明就带领HTC的技术团队投入到了紧张的研发工作中。

由于市场不明朗，刚创立的HTC也不敢轻易出牌，而是选择了为品牌商做代工这种更为稳妥的商业模式。王雪红的这种担心不无道理。虽然她认为掌上电脑有着巨大的潜力和市场空间，但这款产品实在太超前，市场的认可度又低，加上王雪红团队对研发的高标准要求，卓火土总是准许周永明购买那些最贵的器材。为了研发这款产品,HTC可谓是倾尽所有，很快将创业时的10亿台币（折合人民币2亿多元）烧完了。结果由HTC倾尽心血研发出的这一款超前产品血本无归,HTC亏损严重。

和王雪红共同出资的股东都纷纷退股，“所有的资本金都亏进去了”。只有王雪红依旧在坚持着：“只要威盛电子这边还有钱，我就继续给宏达电子注资。”

半年之后,HTC终于走出了亏损的噩梦。王雪红的坚持终于守得云开见明月了。非常巧合的是，这一次向HTC伸出援助之手的还是康柏。

点评:

“我等不及成功，所以不成功我也朝前走。”美国演员乔纳森·温特斯的这句话，向我们传达了这样一个理念：你是否有坚持的信念？不管成功与否，你是否每天都在努力奋斗？

创业就像一场马拉松式的长跑，漫长的路程中，需要一种坚持不懈的精神。同时，还需要有好的市场感觉。当创业者把这种预测付诸行动，变成企业的奋斗目标时，一定要坚信自己的感觉，不管在何时都不能放弃，只要这个目标是正确的。另外，创业者还需要控制好成本，必要的时候可以寻求风险投资，尽管有风险，但“舍不得孩子套不着狼”，短期的亏损并不代表创业就失败了。

我从不看市值

王雪红 V

我从来不看市值。当然，有人跟我讲，我们超过了诺基亚和RIM(黑莓手机制造商)。我觉得重点不是这个，重点是怎么保持企业在新发展的领域，例如智能手机和平板电脑等怎么在移动互联网整个架构上保持领先；怎么去贴近消费者，了解消费者和满足消费者。这些才是最重要的。

背景：

2011年4月18日，对HTC来说，是个值得纪念的日子，因为HTC的市值一路飙升到了一个阶段的顶点——9800亿元新台币（约337.9亿美元），领先于诺基亚纽约所收盘后的328.4亿美元。

不要只是把这个看作一个小小的数字差异，它代表的是一个重大的意义：HTC已经超越诺基亚，成为全球市值仅次于苹果的第二大手机生产厂商。

而在1997年刚成立的时候，HTC却还只是个靠代工业务维生的企业。2006年的一天，在公司的聚餐会上，周永明试探性地问了一下王雪红：“Cher，这个公司走下去，你希望它成为什么样的公司？”没有想到王雪红给他的答案让他吃了一惊：“我们一定要成为一个，至少知名度跟诺基亚（一样）或更好的公司。”王雪红的这份大气和进取致使周永明从内心里深为敬佩。

从1996年到2011年的第二个季度，这15年来，诺基亚一直都稳坐在世界手机市场的第一把交椅上，可以说在2G时代，无人敢与这个市场“霸主”抗衡。但2011年，对诺基亚来说是一个转折点，苹果的iPhone和安卓手机在一点点吞噬诺基亚的手机市场份额。享受了美好风景的诺基亚在即将到来的3G时代怎么也没有预料到，手机行业的游戏规则已经发生了翻天覆地的变化。

这时还沉浸在美梦中的诺基亚，竟然没有发现对手已经上门叫板了：苹果的iPhone、安卓系统的HTC、三星等异军纷纷突起，都在为争夺市场份额而群雄混战。等到它醒来时，发现手中的权杖已经不翼而飞了。面对这种局面，诺基亚一下子不知所措。当诺基亚试图推出基于塞班系统的N97，以达到抗衡苹果和安卓手机时，却发现塞班系统早已落后，而王雪红正带领着她的安卓团队一路狂奔。

诺基亚希望能与英特尔合作，希冀东山再起，但希望却落空了。诺基亚转而投入了微软的怀抱，打算与微软在智能手机领域进行深度合作。然而仙气已去的诺基亚，没能改变自己因和微软联姻而遭到的资本市场抛售股票的厄运：股票一度下跌14%。这表明市场已经不再看好诺基亚了。

一直潜伏着养精蓄锐的THC终于可以大显身手了。2010年，是智能手机的飞跃时期。在群雄共唱的智能手机戏中，HTC赢得掌声最多，获得的观众认可度也最高，是这出戏中最大的赢家。2010年年末，HTC被美国的《新闻周刊》评为“2010年全球十大创新公司”，仅在微软、苹果和谷歌之后。这一切都归功于王雪红的深耕细作。从这一点上看，2011年HTC的第一次市值超过诺基亚，并终结了诺基亚盛世神话时代就不足为奇了。

但王雪红并没有把这个放在心上，“我从来不看市值。当然，有人跟我讲，我们超过了诺基亚和RIM（黑莓手机制造商）。我觉得重点不是这个，重点是怎么保持企业在新发展的领域，例如智能手机和平板电脑等怎么在移动互联网整个架构上保持领先；怎么去贴近消费者，了解消费者和满足消费者。这些才是最重要的。”王雪红知道，市场是变幻莫测的，一时的胜利并不代表什么，重要的是“路漫漫其修远兮，吾将上下而求索”的坚持。

点评：

衡量一个企业的最好标准，不是看一个企业的市值规模有多大，而是看企业的价值有多大。这个企业的价值诚如王雪红所说的，它能够在新发展的领域保持多久的活力，怎样让更多的消费者认同企业的产品，并不断满足消费者的需求。

一个企业管理者，不应该用市值作为衡量企业价值的唯一标准，而是需要综合多方面因素考虑，首先是思维方式的考察：战略性思维方式、系统性思维方式、创造性思维方式；其次是心理素质的考察：自知、自信、胆识、坚定的意志；最后是健全的知识结构，对一系列知识的把握程度，比如经济知识、管理知识和心理学等。如果想成为一个成功的企业家，还必须具备：战略前瞻力、战略决策力、组织能力、应变能力、创新能力以及塑造企业文化的能力，最重要的是能够有做世界级企业家和全球企业家的决心，有容纳不同文化背景下人才的雅量和包容对手的开阔胸怀。

五、逆商的崛起

心理学家认为一个人的成功必须具备高智商、高情商和高挫折商三个因素，其中高挫折商对一个人的事业成功起着决定性的作用。这种高挫折商也就是逆商，它是人们面对逆境时的反应方式，即面对挫折、摆脱困境和超越困难的能力。

逆商高的人在面对困难时往往表现出非凡的勇气和毅力，在逆境中崛起，将自己塑造成一个立体的人。高逆商的人会把每一个难题看作是挑战和增强欲望的机会。在王雪红看来，要成功就得选最困难的事情，它是崛起的最好机会。

客户决定前途

王雪红 V

微软与威盛是资源借重。这么多年，我与比尔·盖茨也成了好朋友，每年必须聚会一次。而盖茨每次展示微软MCE操作系统时，总拿宏达的产品做样品。这是绝好的广告。

背景：

客户是企业的资本，关系着企业的命运，所以在企业发展过程中要谨慎选择客户。好的搭档是成功的一半，他们会像朋友一样对待自己。你成功了，他们也获得了自己想要的价值，同时还能帮你扩大声誉和影响力，有助于度过企业经营的起起伏伏。

这种互利关系，就像王雪红所说的那样：“微软与威盛是资源借重。这么多年，我与比尔·盖茨也成了好朋友，每年必须聚会一次。而盖茨每次展示微软MCE操作系统时，总拿宏达的产品做样品。

这是绝好的广告。”

但又该怎样赢得客户的信任呢？同时又该怎样维护这层关系呢？王雪红的方法是：“客户不要求我用什么系统时，给客户带来价值，就是我考虑的首要问题。”

1997年，刚成立的宏达电子就遇到了挫折，甚至面临倒闭的危险。那时候王雪红觉得应该做PDA，这也是根据自己多年的敏锐市场洞察力所提出的意见，但这一想法却没有得到卓火土的肯定。卓火土是她“三顾茅庐”请来的人才。只要是被王雪红看重的人才，不管动用多少人际关系还有资金，她都一定想办法把他请来。卓火土认为应该做笔记本电脑，王雪红一向“用人不疑”，她尊重了卓火土的意见。结果由于台湾另一家笔记本代工厂的迅速崛起，卓火土冒险失败，宏达亏损10亿台币（折合人民币2亿多元）。此时，宏达面临着关门的危险。

就在这个时候，微软推出了MCE。MCE是一款基于WindowsXP专业版，整合到家庭影院电脑的应用程序。当卓火土拿着MCE的资料给王雪红看时，王雪红认为这是一个机会。她决定用这套系统来实现她的“PDA之梦”，但是微软却不想和这样一个一文不名甚至快要倒闭的小公司合作。微软希望和它合作的是那些大公司，比如惠普。

一向不轻易妥协的王雪红并没有就此罢休，而是决定先把这套样品做出来再说。当她拿着宏达做好的样品给比尔·盖茨时，比尔·盖茨当时特别惊奇。王雪红清楚地记得：“他特别惊奇，我们怎么能做出他的概念？”微软还能有什么理由拒绝HTC这种既真挚又强大的理由呢？

和微软的这一次合作给了宏达一次绝处逢生的机会。就这样，借着微软的渠道和影响力，宏达有了一个很好的发展平台，同时开始完善自己的销售渠道。当然宏达PDA和微软的合作还只是个开始。此后，它们还有了手机领域的合作。宏达越做越大，而微软也越来越倚重宏达了。

由于宏达电子在微软系统阵营中的特殊地位，引来了很多全球知名运营商的青睐。他们都愿意和宏达电子合作，通过OME（代工）的方式为自己生产微软系统智能手机。

在宏达的发展过程中，有过很多的合作伙伴，微软和高通是它的第一批伙伴，电信公司是它的第二批伙伴，第三批伙伴则是与谷歌合作开发智能型手机以及目前正在合作的其他伙伴。对这些伙伴，宏达始终都坚持着一个原则：忠诚于所有的伙伴，并不断为它们创造价值。

点评:

客户是企业的资本，这句话恐怕没有哪一个企业会不认同。但客户能够为企业创造的价值有时候并不是相同的。有一个二八法则，企业中的客户只有20%是高质量客户，还有80%是普通客户。20%的高质量客户却为企业创造了80%的利润，而占80%的普通客户只创造

20%的利润。人们常说，和什么样的人交朋友就能看出你是什么样的人。所谓“物以类聚，人以群分”就是这个道理。

同样，如果你的客户都是世界一流的企业，那么你的企业自然不会差到哪里去。有时候，客户就能决定你的档次和前途。所以，在企业发展过程中，要慎重选择合作伙伴，并建立稳固关系。同样的道理，要想赢得大客户的青睐，自身也必须具备一定的实力。

时刻保持危机意识

王雪红 V

竞争对手不是在外面，竞争对手在自己。

背景：

2011年，HTC的市值第一次超过诺基亚。看到这个消息时，诺基亚的心里肯定不好受。虽然智能手机行业一直处于群雄混战的状态，其市值也一直走下坡路，但竟被后起之秀HTC超越，这是诺基亚始料未及的。但事实如此，它不得不承认这一点，只能说诺基亚太过于轻视对手了。

当3G时代到来时，沉浸在2G时代的辉煌历史中的诺基亚以为这个时代的市场“霸主”也必定是自己，但此时的形态已经不能由它掌控了。异军突起的苹果、HTC还有摩托罗拉和三星，它们凭借着自身强大的实力很快就拥有了自己稳固的市场。等到诺基亚觉察到这一点时，才发现移动互联网的价值观已经发生了巨大的变化。

诺基亚手机一向以结实、耐用为广大手机用户所喜欢，但到了互联网的3G时代，手机用户们更喜欢使用起来方便、上网在线时间长、有更多应用选择的手机。他们希望他们的手机可以变得更“有趣”，比如可以逛商场，可以打怪兽，可以玩愤怒的小鸟，可以玩保龄球，可以切西瓜，可以打麻将，可以打纸牌……而诺基亚的“贪吃蛇”已经远远不能满足他们的需求了。

于是，诺基亚开始奋起反击，与微软达成了全球战略合作伙伴关系。但市场已经不再关照诺基亚了，诺基亚的股票遭到抛售，股价一度下跌了14个百分点。这下子诺基亚尝到了当年爱立信和索尼合并时被嘲讽的滋味了，“两只火鸡合并在一起也不可能变成雄鹰”。如今，轮到诺基亚开始接受嘲讽了。

仔细分析这一个戏剧性的变化，不难发现，诺基亚犯了一个很大的错误：自视甚高，轻敌，放松了对市场的警惕。最主要的原因是，没有时刻保持危机意识，按王雪红的话来说就是：“竞争对手不是在外面，竞争对手在自己。”

所以，当HTC和诺基亚身处同一阵营时，王雪红的危机意识更加强烈了。HTC之所以和诺基亚走到同一个阵营中，是由于面对着竞争越来越激烈的智能手机领域，它们都需要有一个强有力的合作伙伴。

情况也正是如此，事实上，王雪红已经敏锐地觉察到了这位同一阵营中“敌人”的“挑战”：诺基亚采用WindowsPhone系统的举动正是对HTC赤裸裸的挑战宣言。但她从来没有想过对手，因为她看重的永远都是和自己竞争的过程，而这种不断激励自己前进的动力则来自于：时刻保持一种危机意识。

面对着这个微软阵营中的强大对手，王雪红意识到：如果想要赢得市场，就必须投入这场与诺基亚厮杀的战斗中。这也是一场“决定”性的战斗，不管是谁赢了，谁输了，都会有一个倒下。所以，无论是HTC还是诺基亚，只能选择背水一战。

2011年，HTC相继推出了5款基于WindowsPhone7操作系统的手机，而诺基亚也不甘示弱，2011年10月份推出了和微软合作的首批WindowsPhone系列手机Lumia800，2012年又追加了Lumia900等三款手机。从数量上看，HTC稍微领先于诺基亚，但王雪红悬着的心始终没有放下来。因为从2011年第四季度WindowsPhone7的市场份额中来看，诺基亚要领先于HTC。此外，诺基亚还效仿起了苹果，和HTC打起了专利战。

由此看来，HTC面临的市场竞争风险很大，而它和诺基亚的斗争可能要持续很长时间。但王雪红已经做好了充分准备。

点评:

市场就像一片大海，海底下深藏着丰富的资源。为了能够得到这份珍贵的资源，很多人会奋勇跳进海里。本以为水下是风平浪静、没有危险的，但进入后却发现自己时刻处于危险之中。因为水下随时会遇到暗礁，会遇到吃人的鲨鱼，它们比暴风雨更可怕。它们或躲在黑暗处，或藏匿于你看不到的珊瑚礁后面，或在你没有设防的时候突然出现。

成功的企业最大的危机是过于沉溺于荣誉而停滞不前，这样的状况很容易招致“鲨鱼”的攻击。所以企业家要时刻保持危机意识，敢于尝试创新，将知识扩大到新的领域，为我们无法预料的事情做好准备。这也是我们和这个世界的契约：你所要做的就是永远不要掉以轻心。

碰到强者，要拍案而起

王雪红 V

我非常佩服乔布斯。但我觉得在创新上，我们应该可以领先Apple。乔布斯专注于一个设计，一个创新，让一个iPhone适合所有人。我们不一样，我们要做的是适合不同的人，基本上我们认为任何一个‘end user’（最终用户）都会有不同的需求。

背景：

王雪红一直都是个喜欢挑战强权的人，这在与“大象”英特尔的大战中就可以看出。

在2009年，王雪红毫不讳言地说要挑战史蒂夫·乔布斯，她的下一个目标就是要打败苹果。其实早在2007年HTC的年末大会上，王雪红就给史蒂夫·乔布斯下了一封战书，向苹果进军。但那个时候，苹果并没有把HTC放在眼里。

这或许就是王雪红的性格：碰到强权，要拍案而起。也因此，王雪红被称为“女神乔布斯”，因为她和史蒂夫·乔布斯有一个共同点，那就是强势的个性和不服输的精神。两个强者亲自挂帅出征，就这样，一场别开生面的厮杀开始了：他们分别带领各自的团队真刀真枪地对抗了起来，一场难得一见的精彩商业大片就此拉开帷幕。

2010年3月，苹果决定拔除这个在智能手机市场上一路高歌猛进的“眼中钉”HTC，于是一纸诉状将HTC告上了法庭，理由是HTC的手机侵犯了苹果的20项专利。这是苹果对HTC开的第一枪，此后苹果时不时地扣动扳机给HTC一枪，以侵犯专利权的理由向HTC发难。

其实，苹果舞剑，意在谷歌。HTC、摩托罗拉和三星都是安卓阵营里强大的主力军。作为有着几十年积累的老牌手机生产商的摩托罗拉和三星，有着非常多的专利，产业也遍布众多的领域。面对着强大的安卓手机阵营，苹果如果想要以最小的代价摧毁它，就必须从这个产业链中的最薄弱处下手。HTC拥有的专利数是最少的，所以自然成了乔布斯首选的目标。

另外一方面，HTC强劲的发展势头也让乔布斯坐立不安。一向以强硬风格著称的王雪红在企业经营的风格上也表现出强硬的姿态，尤其是在市场竞争上。这就让HTC自然成为安卓阵营里的“急先锋”了。2008年，王雪红首先和谷歌合作推出了第一款安卓手机。在此后的日子里，王雪红步步紧追苹果，并都取得了很好的成绩。在2011年第三季度，HTC的智能手机市场占有率一下子猛涨到25%，一度超越了苹果和三星，一下子就摘得了美国最大的智能手机生产厂商桂冠。

对于乔布斯来说，竟然让一个不入自己眼的小公司把自己逼到了死胡同，身为“苹果教主”的乔布斯自然愤怒难止，要对HTC实施制裁。在一则充满着火药味的声明中，乔布斯这样表示：“对于眼睁睁地看着别人偷走我们的专利技术，我们决定采取行动。竞争是必要的，但我们的竞争者应该创造自己的技术，而不是偷窃我们的。”声明发表的第二天，HTC就发表声明称，苹果对HTC起诉其智能手机专利技术，没有任何事实根据。宏达从来都严格遵循专利保护法规。面对着强大的对手，HTC之所以会以如此强硬的态度回击，其实是为了保护它的手机用户不受利益损害。

在王雪红看来，科技公司都希望保护自己的专利，当别人控告他们的时候，自己才有能力保护自己的合法权益不受侵害。在美国硅谷有一个普遍的现象，如果你对我的业务构成了威胁，那么我就以专利为由对你提出起诉，使你的市场增长速度放慢。而此次苹果的起诉可以说明一个事实：宏达电子取得的市场成就是有目共睹的，而宏达作为一个有创意的有专利的公司，王雪红对HTC是非常有信心的。

点评:

曾经有一支军队到别国去打仗，起先进行得很顺利，但后来在一场重要的战争中，这支军队的首领不幸阵亡了。此时敌人邀请这支军队前去和解，但到了那儿才知道，这是个陷阱。这支群龙无首的军队被敌人围困在城中，眼看着就要成为阶下囚了。此时军队中有一个人突然站出来，大声高呼，敌人是不需要友谊的，他们需要的是我们的死或终身为奴。兄弟们，行动起来吧！众军士在听了他的话后，奋起反击，最后成功突围。这个故事告诉我们：当人在遇到强劲的对手时，很容易被吓退在角落里，不敢采取行动，结果会输得很惨。如果想要反败为胜，就要行动起来，“别站在那儿，行动起来”！

王雪红就是一位积极行动的现实主义者，因为她的性格就是这样：倔强、强势的个性和不服输的精神。同时，王雪红之所以敢和乔布斯叫板的另一个原因，是因为她的手中握着很重要的筹码：自信。她对她的强大团队很自信，对HTC很自信，对市场很自信。有着这样的雄厚的武装组织，王雪红当然敢应战。

以其人之道，还治其人之身

王雪红 V

科技公司，尤其是中国公司更应该注重知识产权，这是创新型科技公司的基本要素。科技公司之间的专利权纠纷是难免的，因为这是行业的基础建设，跨国公司尤其是美国公司经常用专利来压制对方或者挑战对方的手法。

背景：

面对着乔布斯的诉讼，王雪红也以同样的方式还击：今天你乔布斯告了我，明天我也告你侵权。然而“乔帮主”毕竟不是微软，他的风格要比微软毒辣许多。

乔布斯曾经放出狠话：“如果有必要，我会用尽最后一口气，用尽苹果存在银行的400亿美元，彻底摧毁安卓！因为那是偷来的产品。”乔布斯坚决认为安卓是简化版的iPhone，一定要彻底摧毁这个

系统。面对着乔布斯的挑战，作为安卓阵营里的老大谷歌当然不能坐视不管："虽然该案并没有涉及我们，但我们必定会力挺安卓系统以及所有协助安卓的合作伙伴。"为了表达自己的诚意，谷歌做出了明确的实际行动：将自己早些时候从摩托罗拉和Palm等公司收购来的9项专利移交给了HTC，并力挺王雪红，帮助她打赢这场官司。

对于IT界来说，专利战从来都不缺乏风景，今天甲告乙，明天乙告甲，忙坏了法院和经济贸易委员会。乔布斯的这起起诉也不例外，一是美国的地方法院，二是美国的国际贸易委员会（ITC）。在业界流传着这样一句话：微软要钱，苹果要命。和微软打官司时，往往打着打着私下里就和解了，只要是用钱能解决的事都不是事，只要交上一笔专利费就可以了。而苹果则不同，它的目的是争夺市场，所以要打官司就要打到底，直到彻底赢了。

面对着乔布斯事先挑起的这场专利战，王雪红当然不能坐以待毙，而是采取了当年对付英特尔那样的策略：以其人之道，还治其人之身。2010年5月，HTC以苹果侵犯其电源配置管理的相关专利为由将苹果送上了诉讼席，紧接着，12月，王雪红正式把案件交给了ITC，并由它们做详尽的调查。

此后这场连环讼战一发不可收拾。2011年7月，ITC对苹果起诉HTC一案做出了初步判定，HTC处于劣势。但这并不是最终的结果，所以王雪红一面继续上诉，一面寻找其他途径来打击苹果。一个偶然的机会，互联网的一则新闻引起了王雪红的注意：2010年7月，苹果侵犯视频游戏图形芯片制造商S3Graphics两项专利被判定为事实。这让王雪红看到了希望，S3正是威盛旗下的产业。于是她左手倒右手，把威盛卖给了HTC。于是HTC就成了这个诉讼中的原告。2011年9月，王雪红带着威盛，来到ITC状告苹果。

此外，为了打败苹果，王雪红还为HTC穿上了“五件衣服”：继续上诉；扩大事业版图；向低端手机市场进军；回购两万股票；加紧购买专利。而苹果也没有消停过。2011年7月，苹果再次将HTC告上了ITC。

就这样，双方不停地来回进行诉讼，战火越烧越旺。经过一年多的征程，这场诉讼暂时告一段落，但结果却相反：苹果虽然赢得了官司，但HTC虽败犹胜，却赢得了市场。

点评：

勇敢的人也许活不长，畏首畏尾的人却一定虚度此生！商业旅程和人生旅程一样，重要的是去做一些积极的有意义的事情。越是积极主动地投入到工作实践中，就越能成功。而被动通常只有挨打的份，面对强劲的对手，妥协不是生路，而是死路。越往后退缩，就离悬崖越近。

“弱国无外交”，越是怯弱的人就越没有外交权，在适当的时候，我们一定要拍案而起，以其人之道，还治其人之身。只有勇敢，我们才能鹤立鸡群。同时还要查缺补漏，不断弥补自己的不足之处，让自己变得更加强大。这无论是在创业还是在企业经营管理中都显得尤为重要。当企业在遇到对手挑战时，不能听之任之，一定要通过合法的正当的手段予以还击，这不仅是对企业本身负责，也是对企业消费者负责。

不进则退

王雪红 V

获取专利用途有两种：第一种是用于创新提升自己，第二种则是阻击对手。HTC是前者，不进则退。

背景：

2010年3月，乔布斯将HTC告上法庭，和多年前微软“收拾”威盛一样，用的是同一种手段——状告其侵犯专利技术。HTC的王雪红也和当年一样：拿起法律武器，以同样的方式回击。这一场战争和当年有着极其相似的命运：赢得了市场。

在和苹果的这一场历时一年多的较量中，王雪红深深地意识到HTC在很多方面都存在着不足，尤其是专利的不足。在这一场战争中，由于掌握的核心技术少，HTC不得不转向低端市场，在产业链的下游求得生存。同时由于不得不依赖别的企业，HTC始终无法独立自主。另外，王雪红的梦想是HTC能够成功地走向国际市场，但两次都被绊倒在同一个地方——专利的匮乏。没有过硬的专利技术，就只能任由强势者对自己挑衅，自己总是处于被动、弱势的地位。

因此，建立一个强大的专利格局网就势在必行了。但专利并不是一天两天就能迅速建立起来的，需要持续不断的努力和有预见性的投入，靠临时抱佛脚的突击是不行的。它没有偶然性因素在里面，一切都是必然的，需要踏踏实实的点滴积累。王雪红作为HTC的掌门人，恰恰是一个重视长期投资的人。她坚信凭着HTC优秀的团队，用不了多少时日，HTC便可拥有一张强大的、紧密的、牢不可破的格局网。

专利对一个科技公司来说固然重要，但王雪红想得要更远一些。如今的市场竞争愈演愈烈，很多企业都把专利作为它们的开战武器，却没有充分顾及消费者的感受，毕竟市场是消费者的，消费者是根据他们的感觉和体验选择产品的。另外，专利也不能可能凌驾于人之上，成为市场竞争的主导因素。从这个角度来说，专利是为消费者服务的。如果有很多的专利却不能提供好的产品，也就无法得到消费者的青睐和市场的认同。

按照王雪红的话说就是："获取专利用途有两种：第一种是用于创新提升自己，第二种则是阻击对手。HTC是前者，不进则退。"因此，要想扭转战局，在战争过后通过休养生息能再一次获得交战的胜利果实，唯一的办法就是创新。只有通过不断地创新，HTC才能有源源不断的活力，正如一首诗中所说的那样："问渠哪得清如许，为有源头活水来。"

王雪红坚信只有创新才能发展HTC，壮大HTC，让HTC立于市场的不败之地。

其实，不管是在和微软合作，还是在和谷歌携手时，王雪红都非常重视创新。HTC的Sense就是创新的一个很好的体现。Sense可以说是HTC对安卓系统改善提供的更好的用户体验。它是HTC特有的智能手机操作界面，它可以通过动画显示天气预报，手机翻转即可成静音，甚至连王雪红也是它的忠实"粉丝"："比如说我今天用这个东西，你看我的小孩照片全部都放在这里面，比如说开车的时候，我要打电话一下子我就自己可以自由地去选择，而且每个人可以很快去打电话。我的E-mail我可以很快去浏览一下。"在HTC的设想中，智能手机将成为便携式媒体中心，而Sense将承担起重任：成为承载一切的平台。

HTC里面的每一个人都为创新而努力着，每一个人都可以成为创新点子的贡献者，包括王雪红自己，HTC手机电话会议的创意就来自于王雪红的提议。

点评：

市场不是处于一个无序的竞争状态，也不是专利战争的天下，而是一个有规律的经济主体。优胜劣汰是它发展的推动力，这就告诉每个企业：战争是没有丝毫意义的，如果想要成为市场的主导者，只有不断地发展自己、强大自己，同时要不断地创新。如果不用创新来提升自己，那么企业不进则退。

鲜艳动人的花朵只有在阳光下才能被人看见，同样，“好钢要用在刀刃上”，只有将最好的东西用在好的地方才能取得好的效果。因此，企业在研发专利的时候，要考虑到消费者的体验及感觉，这样研发出来的专利才有价值。

谁赢得了市场，谁才是真正的赢家

王雪红 V

HTC必须要有自己的品牌，要自己将价值带给消费者、市场。

背景：

任何事情都不是绝对的，赢和输都只是一个相对的概念，就像威盛之于微软。在威盛和微软相互缠斗的时间里，虽然威盛遭受到了不小的损失，和微软最终和解了，但此次战役却让威盛声名鹊起。同样，HTC之于苹果，虽然在2011年12月20日，ITC裁定HTC侵犯了苹果iPhone手机的647号专利，并对HTC下达了进口这一专利的禁令，但并没有对HTC造成太大的损失。

作为获胜方的苹果，虽然对安卓阵营的手机厂商曾发起过多次专利战，但这是第一次获胜。而谷歌阵营里的盟友们没有表现出太大的悲哀，它们认为HTC虽败犹荣，谷歌也力挺HTC：在这场战争中，

HTC才是实质性的胜利，苹果只是赢了一次表面的胜利而已。

在判决书下来之后，HTC就这次结果第一时间发表了声明："我们对于判决结果感到欣慰并尊重这次判决。不过647号专利只是一个非常小的用户界面体验，HTC很快就会将它彻底从我们的全部智能手机产品中移除。"此时的王雪红也长长地舒了一口气："判决对于HTC来说是一个胜利。"

回顾苹果起诉HTC的历程，苹果是以侵犯20项专利权来定HTC罪的，但ITC最终宣判时，只有一项了。而且作为应用软件的647号不是底层专利，只是其中的一个操作系统协议层上的数据，不需要修改手机底层的手机架构，只需要修改侵权的部分就可以了。这样一来，判决结果对HTC的影响并不是很大。另外，禁令的起效时间是2012年4月19日，也就是说王雪红及她的团队还有5个月的时间来制定应对这项禁令的策略，在这段时间里，HTC手机依然可以在美国的市场上进行销售。

综合以上分析可以看出来，HTC没有多大的损失。而作为市场"晴雨表"的股票也可以为这个结论再加上一份保单。虽然在判决当天，HTC的股票先是走低了1%，但之后竟然出现涨停局面，达到了两周以来的最高点。市场用这种方式告诉了HTC：你没有输，而是赢了。

事实上，在智能手机行业里，像苹果和HTC之间的这样专利战争并不少见。2009年12月，诺基亚就曾经起诉苹果的iPhone侵犯了它所有的专利权。随后在2010年1月，苹果也开始对诺基亚进行反诉讼。这场争斗的结果是诺基亚惨败，出现了6年来的首次季度亏损。然而不甘心的诺基亚再一次对苹果提起诉讼，苹果受到重创，股价大幅度下跌。

所以，对王雪红来说，她早就把诉讼看作是家常便饭，为专利战而胆战心惊的日子已经过去了，给予她力量的正是市场和消费者对她的信赖。

点评：

在王雪红看来，当你快要变成第一名的时候，竞争对手们就会坐立不安了。为了拉你下马，最好的办法就是以专利起诉你。当然打官司也是分情况的，当对手觉得对他构成的威胁并不是他想象中的那么大时，他也不想在战争的泥潭里陷那么久，最后跟你要点钱就行了；但如果他发现你就是对他构成最大威胁的对手时，他就会用各种办法拖住你，限制你的发展。因此，有对手找上门来并不是一件坏事，这说明你足够强大才会引起他的重视。

很多麻烦或困难，我们并不想招惹它们，但它们会敲开我们的门。既然不能避开，与其整日担心害怕，不如拿出勇气、力量和决心，跟它们拼一回。只要我们做好了充分准备，就不怕任何挑战。

六、竞合利他

竞合是双赢思想的体现，它是供应链管理的内在要求。竞争是为了自身利益的最大化，而合作是为了能够使整个供应链利益最大化。简而言之，竞合策略的主要观念是增加互补者。当今时代就是一个“竞合”关系。在现代社会中，一切博弈并不只是竞争，还融合了诸多的合作。同时，这也是利他哲学的体现，不仅需要善待对手，同时更要考虑到消费者的感受，为自己打造一个开放的生态系统和平台，这是王雪红经营企业的心得。

盈利是一个圈，一个正循环，没有终点

王雪红 V

我相信每一个企业都有它的价值，怎么样创造是最好的价值，有不同的differentiation（区别、划分），这是非常重要的。我相信企业跟企业间是不能够做为比较的，都有它的价值链。

背景：

一个良好的商业模式，首先是投入一笔资金，通过商业模式运转后产生利润，再将这些利润作为新的资金再一次投入到商业模式中……如此循环下去，不断地产生利润，不断地产生良好的效果。这是一个不断朝向良好目标前进的商业模式，也是盈利的正循环过程。它是一个圈，是没有终点的。

与正循环相对的是负循环。在过去的2012年里，网上最热门的话题里有一个“电子商务的冬天”。在这个“冬天里”，一些团购网破产了，企业裁员了，消费者大量流失了，投资方的热情冷却了。总之一句话，企业已经走入了“负循环”的尴尬局面。仔细分析原因，不难发现，中国电商行业长期存在以下三个问题：

第一，同质化竞争严重。相对于传统的线下销售方式来说，互联网电子商业模式有着巨大的成本优势。但这个商业模式几乎没有什么“技术壁垒”，很多企业都竞相模仿，结果导致严重的同质化竞争。第二，低价竞争。很多电商企业将“低价策略”奉为圭臬，结果导致恶劣的同行业竞争。第三，盲目规模竞争。很多电商企业认为在亏损状态下换取市场份额和消费者是一项长期的投资，于是都在“跑马圈地”，但盲目地追求用户数量，却忽视了用户积累，这样的企业欠缺根本盈利能力。

陷入“负循环”境地的电商企业该如何突出重围，重回“正循环”轨道呢？不妨采用差异化战略，通过注重产品质量和体验，放缓追求规模和速度的脚步，稳健发展，培养出越来越多在某一领域深耕细作的专业品牌。

在王雪红看来，威盛如果想要将盈利变成一个正循环，就必须要有一个独特的商业发展模式。HTC想通过差异化战略，不盲目追求规模和速度，尽早在某一专门领域深耕细作创出自己的专业品牌。

而在3G时代，事实上真正掌控市场的并不是那些手机生产厂家，而是手机运营商。所以，HTC一直非常用心地对待运营商，并根据自己的发展阶段，明智地选择通过运营商来销售自己的产品。这就让HTC有更多的时间和精力专注手机新品型的研发和手机质量的提升以及产品体验工作。

与强势的乔布斯不同，王雪红对这些与自己合作的运营商的态度是非常谦和的。很多的电信运营商也很愿意给这位谦和的伙伴以一定的回报，那就是帮她做广告，无论从微软操作平台的广告还是到很多电信运营商的广告，他们都不约而同地打着HTC手机。

“大家都替我们做广告！”HTC营运商刘庆东曾这样形容：“盈利变成一个圈，一个正循环，没有terminal(终点站)。”“HTC所有的收购公司都是独立经营，和HTC只是联盟关系，它还能服务于其他公司，这是很大不同。”任伟光说，“HTC的优势就是通过HTCSense为消费者提供‘+1’的优良体验。”

当然做代工厂商不是HTC的最终发展方向，为了能让自己有更好的发展前景,2006年，经营得风生水起的HTC开始向品牌经营商转变，真正将盈利变成可以掌握在自己手中的“正循环”。

点评:

这里的〝正循环〞要设计一个概念〝价值链管理〞：企业应该从总成本的角度考察其经营效果，而不是片面追求采购、分销等功能的优化。它是一种基于协作的策略，能够把跨企业的业务链接在一起，以期实现一个市场的共同愿景。

HTC在创立初期，就采用了这一策略。这种新的价值观念要求企业管理者做到以下几点：第一，必须重新考虑其主要资源的业务潜力；第二，必须对公司的产出重新定位和重新创造；第三，对商业活动做出新的安排。为此，HTC采用了重建品牌这一战略，这也是对与其合作的运营商的一种重要合作保障。

对手面前要分清主次矛盾

王雪红 V

在企业的发展过程中，要慎选合作伙伴，包括垂直或整合，并建立稳固的关系，将有助于度过企业经营的起起伏伏。

背景：

商场上没有永远的朋友，也没有永远的敌人。纵观历史上的每一场战争，都是这样的情况，胜利者永远是属于最顾全大局的那一方。这个顾全大局说的是，能够具体情况具体分析，在每个阶段都能够正确地分析自身的状况和所处的环境，并分清主次矛盾，对症下药，拿出正确的方略政策。

2007年1月，苹果突然公布推出iPhone，这让HTC的周永明很是意外："我觉得最大的意外是2007年1月苹果突然公布推出iPhone……很多人会拿我们跟苹果比，有时候会讲我们没有苹果好……可是不公平的是，有些人就只会拿苹果比较强的地方跟我们的弱点比，没有拿我们的优势去跟苹果比。”对周永明来说，苹果的这次强烈猛攻势头让他很是气愤。从另外一方面说，这也是市场向HTC发出的一个信号：HTC遇到强劲的对手了。因为苹果iPhone此时对采用微软操作系统的HTC已经造成了巨大的压力，不管怎么说乔布斯亲手调教出来的苹果手机操作系统要略胜微软一筹。除去微软，还能与苹果抗衡的只有微软的死敌——谷歌了。

也正是在这一年，2007年，谷歌第一次向外界展示了安卓系统。谷歌将这个系统称为“机器人”，同时“开放手机联盟”也成立。其实早在2005年到2007年间，谷歌就一直秘而不宣地进行安卓系统的开发工作。当乔布斯在2007年年初推出苹果iPhone时，紧跟其后，在当年11月份，谷歌就推出了安卓系统。对于安卓系统，微软很不看好，领导人史蒂夫·鲍尔默曾固执地以为，安卓不过是在纸上谈兵。但后来的情况，微软不得不承认自己做了一个错误的判断。

一向有着敏锐嗅觉的王雪红没有像微软那样表现出不屑一顾的态度，相反，这个全新的系统一下子撩动了王雪红的心弦，让她看到了希望。尽管现在HTC和微软正打得火热，王雪红却意识到，安卓系统将是下一个市场的崛起者。可以说，谁拥有并把握住了这个机会，谁就有可能成为智能手机市场上的霸主。HTC绝不可能让这个机会从自己的身边溜走。

从WindowsCE到后来的WindowsMobile平台，虽然借着微软的平台和销售渠道，HTC一度成为微软在移动领域最重要的合作伙伴，产品也一度占据了微软操作系统市场80%以上的份额，并成为康柏、索尼、惠普等知名品牌的代工厂。但面对着风生水起的苹果iPhone，王雪红感觉到这一次HTC面临的危险将更大。于是，她再也按捺不住了，决定和谷歌联手对抗苹果。

对智能手机有着强大预谋的谷歌，决心也很大，甚至和乔布斯决裂并扶持iPhone的竞争对手。对于HTC加入，谷歌表现出了极大的热情，并将其作为自己重点扶持的对象。

这时，HTC依然和微软之间有着联系，对于“脚踩两条船”的状况，周永明是这样解释的：“我们中国人的想法有时候不太一样，不觉得商场上永远都是竞争关系，除了竞争其实还有很多合作的机会，为什么不多想一点，也许可以往合作这方面看。他们觉得我这种说法蛮有趣的，也许我可以变成一个桥梁。”

点评：

在企业的发展过程中，没有哪一个企业敢说：我不需要合作伙伴。在这个变幻莫测的商业世界里，选择一个好的合作伙伴很重要。然而企业家也要记住：也许在这一秒，双方是联手作战的朋友，但到了下一秒，就变成了在战场上拼杀得你死我活的敌人了。只有利益，才是永恒的朋友。

所以，企业家在选择合作伙伴时要谨慎。除了考虑对方的实力

和自己所要达到的目标外，还要考虑时机。企业在不同的阶段有着不同的任务，所面临的市场情况也不同，也会有不同的对手，这就要告诉企业家：在某一个阶段时，要看清楚自己的主要对手是谁，次要对手是谁，然后把握恰当时机，选择最佳的商业合作伙伴，切不可模糊商业定位，在竞争激烈的商业市场中做了楚霸王，认为四面皆“楚歌”，穷途末路矣。

每个消费者都有他的性格色彩

王雪红 V

乔布斯认为一个产品可以满足所有的消费者，我们则认为，每一个消费者都应该被“特别满足”，所以这是不一样的。

背景：

“HTC的产品一定要差异化，要能够创造价值，这是非常重要的。如果只是学习iPad或者学习Android，我觉得就没有推出的必要。所以，我们的第一款平板电脑基本用途是‘写’，因为一个人在写字的时候，是会思考的，所以写的过程很重要。如何把‘写’做到淋漓尽致，做到真正地与平板电脑相结合，这是HTC的重点之一。当你看到HTC的平板电脑时，一定会感觉它创造了不同的价值。”2011年，当记者问道在HTC未来的战略中，如何考虑平板电脑时，王雪红作了以上的回答。

从王雪红的这段话中，可以看出王雪红始终在强调HTC的差异化战略。在几乎同质化的安卓阵营里，机型都不免走向了一种低端的、造型相似的泥潭中，没有创新性可言。这就给了HTC一个机会。

另外一方面，在与苹果的诉讼战中，HTC虽然输了官司，但却由此声名大噪。王雪红并没有掉以轻心。这一次战役，王雪红学到了很多，如果想要获得长远发展就一定要拥有更多的自主知识产权。此外，每一个消费者都有自己的性格色彩，不是都能适应苹果同一款机型的，他们更渴望有适合自己的手机。因此，HTC的产品一定要差异化，这样才能满足不同消费者的需求。

HTC致力于创造个人化的使用者经验，并深信每项行动装置需以不同用户的需求为中心，而非让人受制于产品。另外，HTC的产品并非仅来自于消费者需求调查的结果，更多的是在长期观察和尊重个人如何和科技互动基础上生产出来的。

在产品设计上，HTC专注于设计具备性能、耐用、工艺、人性化的操作与接口的产品，并遵循满足消费者个人体验的设计理念，这能让产品兼具极简出色的产品风格与优雅卓越的使用经验。另外，HTC的产品还专注于创新，它有绝佳的相机性能，有可媲美主流的随按即拍相机；HD高画质摄影/播放性能，让顾客拥有的HTC行动装置，宛如个人的行动剧院；结合美国音效品牌Beats技术，提供消费者近乎原音重现的音质体验，为智能型手机树立新标杆。HTC深信对顾客而言，行动装置不仅仅只是一部智能型手机，更要是能满足个人的影音娱乐、社群沟通与形象表征的全方位行动装置。

HTC热衷于寻求最适当的方法让大众以最简单的方式使用最先进的科技。当然,HTC并不只是简单地将自己的产品硬塞给消费者,而是将一切都建立在HTC与消费者互动的基础上。HTC鼓励每位顾客能主动分享他们的经验,并借此了解他们的看法。HTC坚持认为,赋予顾客表达其个人化的经验,是增强他们创新能力的最好不过的建议了,这同时也能促进HTC为不断提升个人化的手机体验而努力。

点评:

市场色彩不是单一的,而是多色调的组合。这个多彩的部分正是消费者的心声,他们渴望自己被关注,渴望自己的需要被特别满足。就像穿衣服一样,每个人都希望自己的衣服是最独特的,世界上仅此一件,没有第二件衣服与自己相同,他们有着自己独一份的渴望。这个心理作用和消费者渴望对独特手机的拥有心理也是同样的。未来的市场趋势是:谁赢得了消费者的心,谁就拥有了天下。归根结底,竞争市场,就是竞争消费者。

随着经济和社会的发展,人的需求特点也在发生根本性的变化。越来越多的消费者,不仅注重商品的实用价值,更注重商品的附加价值给自己带来的精神满足感。可以说，现在的消费者购买的其实就是一种精神需求。所以，商家在确立产品设计的目标和定位时，就要充分考虑到消费者的精神需求，设计出色彩新颖、独特、具有个性特点的产品来，而不是以一种单调的产品来试图赢得消费者的青睐。

打开封闭的生态系统，以开放的心态去迎接挑战

王雪红 V

HTC和苹果是不同的。我认为智能时代刚刚开始。我们是开放平台，而苹果是封闭的。

背景：

王雪红心中一直有一个梦想，成为世界第一。“我有梦想，但也非常务实”，王雪红一直都在努力带领HTC走出一条自己的独特之路。

在智能手机市场上，有着强劲势头的苹果和三星都有着自己独特的不可被复制的商业模式，苹果的是“软件加硬件加服务”，三星的是垂直产业链模式。作为后起之秀的HTC当然明白这一点。王雪红不想模仿谁，因为模仿便意味着自己永远都走不出他人的光环，最后可能面临着被边缘化或者失败的危险。所以王雪红坚持走自己的道路，这条路虽然艰辛，但王雪红不走“苹果路”的追赶模式，

她更看重的是自己独特的商业模式。

在这一场与苹果竞争并试图超越它的战争中，王雪红坚持开放的心态，不同于苹果的封闭生态系统。在苹果封闭的帝国里，乔布斯可以说是无可争辩的统治者，即使是在乔布斯离世后，这种帝王的影子依旧没有退去。“霸权主义”一直流淌在苹果的血液里：一面不断地摧毁旧的世界，一面不断地开拓新的世界疆土。在如此一个封闭的世界里，苹果拥有自己一个完整的生态系统。

在这个系统里，硬件设备商、应用开发商和电信运营商的地位都很低，他们无法成为和苹果对等的合作伙伴，只能充当这个生态系统中的一员，并且要听它的话，如果胆敢挑战苹果，那么结局是很惨的：被苹果驱逐出境。因为在这个系统中，这些厂商并不是连接苹果系统链中重要的一节，是可被代替的。

这种封闭的系统，王雪红并不认可。王雪红认为既然大家都处于同一个商业系统中，除了竞争之外，大家应该以更开放的心态去对待别人，互利共赢才是最终的目的。因此HTC走了和苹果完全不同的道路——彻底开放。

对用户来说，这是一个开放的世界。他们可以自由选择，自由地进出；对于合作商来说，无论何时，王雪红都会与他们保持一个融洽的、高度配合的关系；对于软件开发者来说，在这个完全开放的安卓系统里，应用商店是完全共存的。软件开发者可以随意在应用商店里提交应用程序。

在王雪红走向王者梦想蓝图的过程中，HTC要以Sense为平台，联合众多合作伙伴，成为一个包容、开放的平台提供者。正是由于王雪红的这份坚持，“高通、微软、谷歌这样的合作伙伴，很多时候他们可能不愿意授权给其他厂商，但他们信任我。因为他发现很多东西我们可能研究比他们更深入，能给他们很多惊喜，帮助他进步。”王雪红认为这是一个对等的合作关系，“我们相互带来价值，HTC的手机比谷歌自己做得好，而且HTC的所有应用能和谷歌配合，这让谷歌很高兴，他们的初衷本来就是给用户更好的体验。HTC是做得最好的一家。”

正是由于这种开放的心态，HTC才有了今天的成就。

点评：

有一种哲学叫“利他哲学”，将它演绎得完美无瑕的是京瓷集团的稻盛和夫。在他的企业经营中，他将“利他哲学”贯穿到方方面面。“关爱之心、利他之心”，稻盛和夫将这两颗心紧紧地放在员工身上，才有了京瓷强大的向心力，这也是他最终能建立起三家世界500强公司的最重要原因。

在激烈的市场竞争中，竞合利他之心很重要。竞合，也就是在竞争中的合作，这是一种开放、包容的心态，而利他就是爱他之心、利他之心。拥有竞合利他之心的企业更容易获得他人青睐，也更容易得到市场的认可，更容易获得成功。

一个是出主意，一个是用好人

王雪红 V

具体业务，我安排经理人来讲，他们讲得更好。

背景：

有这样一个集团，它的旗下有30多家公司，而掌控这个商业帝国的董事长却不喜欢直接参与公司的管理工作，只打理其中的几家。更多的时候，董事长选择把一些公司交给她的职业经理人，让这些高管们去管理公司。

很多人或许对这个集团很惊讶：这么庞大的一个“帝国”，董事长就这么放心将自己辛辛苦苦打下来的大部分江山让给别人去管吗？究竟是哪个董事长有如此大的魄力？

这个董事长不是别人，正是王雪红。对于这些职业经理人，王雪红非常信任他们。她认为诚信是道德中最重要的，其次才是能力。而她选人的标准正是依照这两条，不管在威盛还是HTC，王雪红认为她最重要的任务是了解他们，让他们没有后顾之忧，而他们也能够自发自律，积极主动地去完成工作任务。

这就像一个企业家所说的“缺口”。一个企业家曾画了一个圆，但他并没有把这个圆画圆满，而是特地留了一个缺口。后来他解释说：“其实，这只是一个未画完整的句号。你们问我为什么会取得辉煌的业绩，道理很简单：我不会把事情做得很圆满，就像画个句号，一定要留个缺口，让我的员工去填满它。”这就是管理中的智慧，什么事情如果领导都做好了，还要员工做什么。所以，企业家要懂得“张弛有度”的道理，做好“幕后老板”就行了。

在威盛集团，几乎所有的高层职业经理人都和王雪红成了至交，包括后来的卓火土和周永明等，他们都把王雪红看成是他们最亲密的伙伴。

这个信任的过程，是伴随着点点滴滴感动的过程，即使在HTC最困难的时候。“我们全力支持Peter(周永明)，即使像第四季度稍差一点，甚至包括打造品牌时股价夭折，我们觉得这个方向是对的，我就会支持他。”王雪红和周永明之间就是“他踢着我跑，我踢着他跑的”，对于二者的关系她是这样形容的：“对于职业经理人，不能没有一个很强的董事会挑战他，但也需要给他足够的支持。我在一些方面超越他，他在一些方面也超越我，互相挑战，我们把公司做得更好，这很有必要。”

归结到一点上，王雪红只是想当好这个“后台老板”，她希望她的所有经理人都能担当大任，独当一面。而当他们有困难时，王雪红会全力支持，并为他们提供好的参考建议。这点在威睿身上就可以看到。

建立威睿电子是王雪红在大陆市场上的第一步，它的首席执行官是从美国留学归来的张可。王雪红对他很器重，本以为威睿投产后就能运营，却不料遇到手机芯片市场上的“英特尔”——高通，威睿电子连着亏损七年，王雪红也为它投入了将近50亿的资金。但王雪红并没有对威睿失去信心，转而为威睿独辟了一条道路，最终扭转了亏损局面，开始盈利。

点评：

王雪红的父亲王永庆经常说：“公司经营的成败，人的因素最大，属于人的经验、管理、智慧、品行、观念、勤劳等无形资产，比有形资源更为重要。”王雪红深深记住了这句话。在王雪红日常管理中，她很注重了解公司员工的情况：“我如何发现他们的天赋，让他们能获得成功？如果你跟他们交谈，他们感到你喜欢他们，你的确每天都在为他们着想。”

这就是一个柔性管理者的魅力之所在。王雪红如此了解员工，为他们解决后顾之忧，这是爱他们的表现，体现为“利他哲学”。这种“利他哲学”是领导者需要用心去经营的一种管理方式。

谦卑地想，将用户的体验放在第一位

王雪红 V

不要被科技蒙蔽，要谦卑地去想，要将用户体验放在第一位。

背景：

用心聆听市场的声音，才能找到市场的真谛，找到消费者真正渴望的需求，专利必须要把用户的感觉和体验放在第一位，这也是王雪红一直坚持的。

2011年年末，全球的科技企业都陷入了专利战的缠斗中，HTC也不例外。它这一次的对手是苹果，虽然遭到乔布斯咄咄逼人的攻势，但谦虚的王雪红把这一次当作她学习成长的机会。“HTC还是个年轻的公司，需要时间去向用户宣传自己的品牌理念及产品，并学习竞争对手的销售策略。”

不可否认，苹果以“硬件加软件加应用”的方式，已经彻底改变了通讯行业的竞争面貌。但王雪红并不这样认为，向对手学习，并不意味着要丢弃自己的东西，相反更要努力构建属于自己的商业模式，手机厂商必须要拥有自己的操作系统，“必须要对操作系统认识非常清楚，甚至可以重写”。

其实在和微软以及谷歌的合作中，HTC已经开始了培养软件的过程。HTCsense就是这样一个软件应用，“我们了解不同操作系统的好和坏，并且能够改变它，把优点继续保持，缺点修正”。通过sense这个应用，消费者在使用HTC时，不管在哪个平台都可以拥有同样的用户体验。然而，最令王雪红在意的还是消费者以及与市场的交流和把握。“要细心倾听，带给用户价值，能够让用户觉得HTC体贴他们。”

HTC一直在聆听消费者的心声和市场需求的心声。在HTC推出的手机中，有很多都是通过与中国合作伙伴深度合作共同推出的，如微博、人人网、迅雷、时尚集团等知名的内容及应用提供商。这些本地化的应用可以为HTC顺利占领大陆市场提供很好的平台，HTC也始终遵循着一条准则，那就是：“不要被科技蒙蔽，要谦卑地去想，将用户体验放在第一位。”

纵观市场，不难发现很多产品都从高贵的宝座上走了下来，来到展销会或者销售体验中心，为它们的顾客提供现场的体验感觉。通过此种方式，消费者可以真真切切感受到它们存在的优势和价值。这对生产商和销售商来说，也是一个价值衍生的过程：获得消费者信赖的同时，也将自己产品的理念传达给了消费者。

HTC很清楚这一点，它也敏锐地意识到了苹果成功的秘诀：苹果卖的不仅是手机的功能，更是独特的设计。往往就是手机上很不起眼的触键，都会对消费者的使用感觉造成影响，即使是一毫米的误差也不行，在这方面，消费者的感觉是挑剔的，同时也是独特的。

于是,HTC的高端机型就瞄准iPhone，触控屏使用的全部是玻璃材质，这种材质较其他的材质不容易产生刮痕，而且耐刮、耐磨。如果将HTC手机斜举起来，借助反光的效果可以很清楚地观察到整片屏幕均匀的反射光线，这种优质的质感不会随着使用时间的延长而丧失。

这种细微处的精妙体验，在三四寸大小的屏幕和一厘米见方不到的电源与音量按键，往往是难以用语言来形容优劣的，但一般的消费者却能够敏锐地感觉到其中的好坏。周永明深知手机设计的不同工艺的微妙给消费者带来的体验，所以每一部智能手机的模型制作好之后，他会闭上眼睛，用心去细细体验触感，感受其中蕴藏的生命力。他是一个非常注重细节的人，就连电话听音仿真都会从用户的细微处出发。

点评:

ISO9241-210标准将用户体验定义为：”人们对于针对使用或期

望使用的产品、系统或者服务的认知印象和回应。”在对其定义的补充说明中有着如下解释：用户体验，即用户在使用一个产品或系统之前、使用期间和使用之后的全部感受，包括情感、信仰、喜好、认知印象、生理和心理反应、行为和成就等各个方面。该说明还列出三个影响用户体验的因素：系统、用户和使用环境。

因此，用户体验设计目标应该力求达到：有用、易用、友好、视觉设计和品牌，前四者做好，就会融会贯通上升到品牌。很多生产商都力图满足用户的需求，虽然用户的需求是根本，但用户需求不一定是功能，影响用户需求的还有很多方面。所以，生产商需全面了解客户体验，注意以下几个方面：捕捉客户的期望、成功和易用的衡量标准、易用性贯穿整个体验过程、执行的方式、对受损用户的修补、协调各种销售渠道和环境的品牌体验等。就像王雪红所说的：“谦卑地想，将用户体验放在第一位。”

七、每一个时刻都是摩尔速度

当戈登·摩尔提出摩尔定律时，集成电路问世才刚刚6年，摩尔的预测是非常具有前瞻性的。2005年是著名的“摩尔定律”提出40周年。40年里，半导体芯片的集成趋势亦如摩尔预测的速度。

摩尔定律正在把科技界变成一个“更快、更小、更便宜”的奥林匹克竞技场。在这样的竞技场中，每个人都应该有一个意识：时刻保持危机和创新意识，以便适应快速变化的组织环境。同时还要发挥主观能动性，让企业的决策更具前瞻性。

喧哗躁动的魔术实验室

王雪红 V

HTC是这样一家公司，它并不想模仿谁，也不想跟随谁，它有自己的理想和目标，而且它还拥有将理想变成现实的信念、能力、方法和手段。

背景：

“他们的文化同硅谷创业风格是如此相似，这确实令人感到不可思议。显然，他们都是创业者，他们的工作效果确实非常高。”谷歌移动平台主管安迪·鲁宾这样评价HTC的创新团队文化氛围。

很多人都向往谷歌那种具有创新文化的工作氛围：一群有着共同奋斗目标和价值观的优秀技术人才聚在一起，共同完成他们心目中的梦想。每个人都是“帮助角色”，即颠覆传统的“给你任务，什么时候必须完成”这一传统的工作模式，根据自身敏锐的社会观察力自发产生创新想法。他们中的任何一个想法只要能得到其他工程师的响应，便会迅速组成研发小组，在最短的时间里开发出相应产品来。谷歌的文化同时也是自由的：松散的管理、唾手可得的美食、定期的滑雪和游泳等体育活动。

所有企业文化中，谷歌文化可谓是一枝独秀，但并不是不可超越的，HTC的MagicLabs文化就是对谷歌的一种超越性尝试。在这个MagicLabs里，涌动的是激情，是活跃的创新氛围，是放情的歌唱和快乐的笑声。

MagicLabs的成立，是HTC对源源不断创造力的渴求体现。在这样创新的氛围里，每一位技术人员主动参与创新的积极性都得到最大的激发，这正是周永明想要的结果：HTC从创建之初就坚持原创，HTC的员工不怕挑战，所以员工都进入竞争最激烈的市场，跟世界上最挑剔的客户合作，让自己做到极致。作为HTC的创始人之一，王雪红和曾经在美国打拼多年并供职于电脑业“发电站”——美国数字设备公司的周永明以及HTC的其他创业者一样，也想给自己的公司注入和硅谷先驱那样特有的文化和风格。王雪红说，HTC是这样一家公司，它并不想模仿谁，也不想跟随谁，它有自己的理想和目标，而且它还拥有将理想变成现实的信念、能力、方法和手段。的确，真正让HTC能够成为苹果公司最可怕的对手之一的，正是HTC独特的文化。

在以“信任”为基础的HTC文化，既保证了核心团队的稳定性，又让所有的创新和创造力可以最大限度地得以发挥和释放。在HTC内部，有个非常特别的部门，它叫“MagicLab”，一场场头脑风暴在这里爆发。每个工作日的下午5点半，HTC的桃园设计中心会迎来六七个团队的工程师。这种头脑风暴并不仅仅停留在口头上，“经过讨论后的概念雏形一出来就不同了，整个实验室每天就像打仗一样。”一位工程师这样描述HTC落实想法的速度。在王雪红看来，这样的自由聚集和商讨是为了激发HTC全体成员的立异机能。

这样的头脑风暴还体现在“MagicLab”的命名上。“魔术实验室”里的人会为自己起一个很“魔术化”的名字，有魔术师、巫师等。每个人都很享受这种创新的文化氛围。

在这里，每个人可以像白纸一样发挥出自己的无限创意，创意可以没有时间限制，“魔术师”的任务就是不断通过脑力激荡，荡漾出具有创意的点子来。在这样的氛围下，随时都有几千个点子出现。“目的就是鼓励创意，不好的想法也没关系，先想出来再淘汰。”HTC实验室的员工们非常热衷于这种思想的碰撞。HTC为了创新，给研发部门很大的空间。

点评：

衡量一个企业是否具有鲜活生命力的标准之一，就是看它的创新速度如何，而创新速度的快慢又和该企业是否具备一支优秀的创新团队有关系。总之一句话，企业如果想要在短时间内更新自己的产品，获得强大的竞争力，就必须要拥有一支强大的具有敏锐观察力和核心技术的创新团队。

同时，企业还应将一种与时俱进、勤奋的精神灌输到创新人员的思想中，这样才能激发他们的创造潜能。所谓“处处留心皆学问”，创新应该是每时每刻的灵光乍现，只要有心，就会出现很多Goodidea。这点，在HTC就可得到验证。在HTC世界各地的办公室里，都挂着王雪红等人的简笔插画。这不是娱乐时的消遣，而恰恰是创新艺术的体现：生命中最闪耀的物品都是从最初的草稿图开始的，这些简笔插画代表的是灵感。

创新才能改变命运

王雪红 V

我一直认为，对于中国的企业来说，自主创新很重要，经济危机的时候，自主创新的企业生存空间会更大一点。

背景：

1997年的经济危机，并没有打垮威盛，反而成就了威盛的辉煌历程。尽管在这一次经济危机中，很多企业都沉默了，学会了韬光养晦，不敢轻举妄动，但王雪红却认为这是威盛最好的呐喊时期。于是，她第二次扬起了创业的风帆，创立了HTC，并最终成为威盛集团最成功的企业之一。

对王雪红来说，金融危机不是危机，而是机会。当然，HTC的成功和王雪红拥有的企业家胆识和魄力以及前瞻性眼光有着密不可分的关系，但更重要的原因是，HTC拥有自主创新能力。王雪红强调在危机中，要让自己的软件和硬件超越其他厂商。

在危机中创新，为接下来的经济机遇做好准备，这是企业改变命运的重要途径之一。正是由于HTC将创新看成自己发展的关键因素，它才能在市场危机的重围中，斩获自己的胜利果实，改变自己代工厂的命运。

在王雪红的心中，一直有个“中国芯”的梦想，这不仅关乎一个企业的生存和发展，更关系到民族品牌的振兴和荣誉，同样也关系到整个民族的科技腾飞。所以，不管多困难，王雪红也敢独自披荆斩棘，走出一条独立自主创新的路。

在挑战“大象”英特尔时，王雪红带领的威盛就在自主创新领域获得了一定的成就：2000年，威盛研制出了第一款中央处理器VIACyrixⅢ，成功扩展了市场版图。在王雪红看来：“做高科技企业，我认为最重要的就是创新。”有尖端的设计、高端的科技，能够制定市场标准，这是一个高科技企业必须具备的要素。从王雪红迈出创业的第一步开始，她就从来没有动摇过这个创新理念。2001年，威盛推出了全新的、基于“奔腾4”的威盛芯片组的精英主板——P4系列芯片组（P4X266\P4M266）。同时在“奔腾3”时代，威盛适时地推出了PC-133内存规格，借助这款产品的威力，威盛在芯片组市场上赢得了一席之地。

对于英特尔这个对手，王雪红是怀着感激之情的。没有对手，也就没有后来的威盛。在这场较量中，威盛完成了美丽的蜕变：王雪红旗下的企业已经在CPU、GPU和CDMA手机芯片领域做好了全面部署工作，比英特尔多了GPU，比AMD多了CDMA，比高通多了X86架构的CPU。成了同时掌握X86架构CPU和移动通讯芯片核心技术的华人高科技公司，将自己的创新领域延伸至X86、CDMA和ARM三大领域。除此之外，威盛电子还在全球拥有5000多项专利技术。

继威盛之后，王雪红的创新激情并未停止过澎湃，她再一次敏锐地嗅到了智能手机等终端巨大的战略价值，毅然决定创立自主品牌HTC。2011年，她跨界收购了香港的TVB，实现了从IT王国到传媒王国的跨越。

"我一直认为，对于中国的企业来说，自主创新很重要，经济危机的时候，自主创新的企业的生存空间会更大一点。"这是王雪红自己做企业的感受，创新是如此重要："要成功，最重要的是每个领域都要做精，有自己核心的技术，有核心的技术团队。其次是在现在的基础上，往产业上游、往关键零部件发展，而不是逆向，也不只做大规模，让附加值越来越高。"

点评：

在CCTV年度经济人物的颁奖典礼上，王雪红入围的理由是：如果说，柳传志是中国第一代创业家的代表，王雪红则是新一代创业家中的标杆。她不仅为新一代企业家树立了成功样本，也树立了价值典范。

在新一代的创业家中，王雪红将自己的使命定位为：以“中国芯”为中国人在世界的IT科技制高点占据一席之地，是威盛的光荣，也是威盛的使命。换句话说，如果想要登上IT制高点，就必须实现自主品牌创新，同时这也是改变民族和企业命运的关键性因素。

从“机海战术”到“精品之路”

王雪红 V

虽然HTC一直都在坚持精品路线，但是适当的减少新机发布数量，将更有助于帮助HTC打造精品手机。

背景：

从2011年下半年开始，HTC上市新机型开始突然减少。对于惯用“机海战术”，每月都能推出一两款新机器的HTC来说，这是出乎人们意料之外，却又在情理之中的战略，因为王雪红曾经说过：“高科技不进则退，HTC还有进步空间。”

对于高科技产业来说，不进步并不意味着可以很好地保持现状局面，获得平稳发展，相反，会面临着丢失阵地的危险。面对着激烈的竞争，高科技企业如果想要获得长远发展，就必须要处处留心，时时为自己寻找新的发展空间。

在HTC的内部，一直有这样的争论：对于这种频繁推出的机子，HTC虽然一直都希望能够通过细分机型来满足每个消费者的特定需求，但从市场上得来的反应却是定位混乱。过多的机型无论对于供应链还是研发力量来说，都造成了巨大的浪费。“比如2011年有两款产品，野火和达人，都是入门级的智能手机，价位差100多元钱，性能、外观都差不了多少，只是野火的金属感比较强，达人塑料感比较强。这对用户购买就造成困扰，对于经销商包括终端促销员也会模糊，到底应该推荐哪款产品？”这样就会影响HTC的研发体系和整体销售策略，以至于面对苹果和三星旗舰的高端机型，HTC都要退避三舍，无牌可出。

身处拐点的王雪红打破了HTC一贯的营销策略，决定寻找一个新的成长空间：彻底放弃机海战术，走精品之路。王雪红认为当企业在发展到一定阶段后，必须重新调整自己的策略，为企业预留更大的生存空间。

“虽然HTC一直都在坚持精品路线，但是适当地减少新机发布数量，将更有助于帮助HTC打造精品手机。”这是王雪红在一场手机新品发布会上的说辞。尽管此前机海战术一直是HTC拓展市场时使用的策略，在与苹果的争夺战中，曾起了很重要的作用。

所谓的机海战术，就是在相隔不长的时间或者同一时间里迅速上市多款手机，力争以数量压倒同时期的对手，占据市场先机。HTC选择此时转型，走精品之路，也是对市场中“蓝海”商业气息的正确捕捉和掌握。同时，退出机海战术，对于HTC来说，也是创新理念的体现：产品质量的提升应该和企业的发展速度成正比。当市场沉浸在一片机海战术的时候，恰恰是转型的最佳时期。

毕竟，机海战术虽然在短时间里能收获一定的成果，但却不能支撑起一个企业长期的发展和面对着对手无牌可出的尴尬局面，HTC采取对苹果和三星的反超越策略是：通过专注于一款或者一系列的旗舰手机来稳固市场，实行稳扎稳打战略，回归数年前以出色硬件取胜的路线，以期推出硬件配置及外观设计都出色的经典机型。

总之，HTC坚定走旗舰的精品之路。ONE系列的精品定位正是基于这样的理念而研发出来的手机，这给了HTC不同于别的手机的很大差异性。2012年，HTCone全球热销，在5月份，HTC智能手机的销量出现小幅度上升，综合销售额将近10.6亿美元。这再一次证明了HTC改变机海专注精品是正确的。

点评：

在现代市场经济中，很多企业在战略转型期由于把握的方向不对，出现了很多行为扭曲现象：过于重视眼前利益，普遍存在短期行为；为了能够尽快转型，企业多采取各种各样的不正当竞争手段，扰乱了市场秩序；经营管理过于粗放，往往竭泽而渔等。由此，选择一条健康长远的发展之路便显得尤为重要。

在选择过程中，要注意以下几个方面：第一，名义战略和企业实际行动方面的差距；第二，真正的战略转折点是否到来，一定要抓住准确的机遇点；第三，试图识别出新的战略框架图景与可提供的能弥补差距的战略意图框架。同时，企业要明确能追随什么，不能追随什么，因为方向很重要。此外，企业还要懂得及时分配资源，正视战略中出现的矛盾。HTC这次从“机海战术”到“精品之路”的转型，就是一个很好的成功案例。

生活是最好的证明者

王雪红 V

这一年我最大的感悟就是智能手机一定是要和生活有所联系，现在的结合只是冰山一角，以后会越来越多，HTC希望通过自己细致入微的观察，帮助人们减少生活中的缺憾，我们在这方面想了许久。

背景：

“HTC应该是一家卖生活的公司。”王雪红很清楚自己公司的定位，不管HTC做出何种决策，都以用户的生活体验为出发点。因为生活是最好的证明者，它是决定一个企业产品能否获得消费者认可的试金石。

在后来观看了三星发布的GalaxyNote之后，王雪红更是坚定了企业要为用户服务的决心。三星GalaxyNote的诠释方式十分贴近用户和消费者的心，在它的线下推广活动中，曾邀请了一批画家，用Note给观展者画像，然后打印出来送给他们。王雪红反思道："同样有笔，我们的推广方式就很生硬。仅仅只是广告以及宣传口号很难让用户切身感受，三星值得我们学习！"

随后，HTCone在贴近用户生活方面做了持续的改进技术，不仅是营销手段，就连拍照和音乐功能也比四核更具有生活气息。"我们为了保证拍照和图形处理的体验，甚至搭载了一个专门芯片。"一点小小的改变，对用户来说，是对生活更好的体验过程。对于这个强大的软硬件结合的产品，用户发现这次的HTCone真的和往常不一样了。

用产品改变生活的梦想，也是王雪红创新的原动力。当在手机还只能用来打电话、发短信的年代，王雪红就希望HTC研发PDA，也就是拥有数据处理能力的手机终端能够创造"移动生活梦想"，这来源于王雪红早年在大众电脑公司推销电脑主机板的经历。当时她每到一处，都要拖着硕大、沉重的电脑设备，这让转战在各个交通线上的她疲惫不堪。于是她便憧憬着有一天能有一种既可以握在手上打电话，又可以给客户展示产品，还能听音乐的设备。从那时起，她就一直在寻觅这样的产品，功夫不负有心人，梦想仅仅在七八年后就实现了。

现在随着用户对智能手机理解的日益深入，他们的需求也愈加多元化。初步实现梦想的王雪红紧接着又面临着一个新的问题：如何让新时代的用户需求得到满足。

一直在探索中前进的HTC，给出了自己的答案："智能手机一定是和生活结合在一起的，现在这类结合大概仍只是冰山一角。但今后会愈来愈多，HTC希望经过自己详尽入微的视察，帮助人们削减生活中的缺憾，我们在这方面想了许久。"

通过这个简单的表述，可以发现HTC产品重视的是一种生活的态度。不随便让步生活中的细节，HTC始终步步紧随消费者的心理期望，让自己的产品时刻透露出生活细节中的感动。正如HTC的执行长周永明所说的那样："人们老是希望可以以相片或歌曲来纪实或纪念生活中最精彩与美妙的当下，而这样的消费者心声即是HTCone系列的设计原点与创意初衷。"

整合全新的HTCSense4和HTCone系列，可以让用户时刻记录下生活中的每个精彩瞬间，享受任何场景中的生活乐趣。对于这款新产品，王雪红非常自信地说："HTC不是卖手机，而是卖生活。HTC是用创新来改变人们的生活。"

点评:

生活就像一个小孩，必须时刻给予他关怀。明白了这一点以后，对于"生活是最好的明证者"的表述就不足为奇了：因为生活是检验产品的试金石。

经济在发展，人们对生活水平也提出了更高的要求，同时这种

生活体验的感觉也是瞬息万变的，这就要求企业的产品必须跟得上人们生活的脚步。从这一点上来说，产品所能给予生活的体验也应当是要紧随摩尔定律的。在创新的道路上，以改善人们生活为目标的企业将在未来的市场竞争中有很大的优势。在这条道路上，每个企业都要明确一个理念：企业卖的虽然是产品，实际上卖的却是生活。

前瞻性："云计算"的云端和终端

王雪红 V

在云计算时代，更多终端将拥有计算机功能，支持具体应用，更早地与应用结合，使威盛拥有更多机会。云计算时代有两个端，一是终端，二是云端。

背景：

微软的创始人戈登·摩尔提出著名的“摩尔定律”是对未来产业发展速度的一种前瞻性的预见，20世纪50年代末至60年代，半导体制造工业得到高速发展，呈现出前所未有的发展前景。至21世纪，半导体芯片的集成化趋势正如摩尔所预料的那样，推动了整个产业的发展，进而给千家万户的生活带来了改变。

迅猛发展的科技，让18个月的更新换代时间大大缩短。在互联网时代，众多的互联网企业家们发现了一个新的概念——云计算。

云计算是由谷歌提出来的。这是一种基于互联网的计算方式，通过某种计算，共享的软硬件资源和信息可以按需提供给计算机和其他设备。这是一个美丽的网络应用模式。它通常提供通用的通过浏览器访问的在线商业应用，软件和数据可存储在数据中心。狭义的云计算是指IT基础设施的交付和使用模式，“云”中的资源可以随时获取，按需使用，同时扩展，按使用付费。广义的云计算是指服务的交付和使用模式，通过网络以按需、易扩展的方式获得所需的服务，包括IT、软件、互联网相关的，也可以是任意其他服务。

在这个技术革新的年代，互联网的未来趋势不可避免地要将云计算作为它的趋势之一，此外还有移动互联网。虽然目前，这个云计算还没有普及，但有着市场敏锐嗅觉的王雪红已经预感到这将是一场为争夺市场资源的“太平洋战争”。

王雪红说，在云计算时代，更多终端将拥有计算功能，支持具体应用，更早地与应用相结合，使威盛拥有很多机会。其实威盛在陈文琦的带领下，从1997年就已经开始走应用结合的道路了。有远见的王雪红将这种理念灌输给威盛的每一位员工，使威盛赢得了10年的发展时间。这期间，威盛在网络计算机和电视机顶盒芯片领域之所以如此成功，使全球60%NC机青睐威盛的芯片，和这一理念的影响有很大关系。

对未来，王雪红充满了信心，和竞争对手比，王雪红的手中总是多一张牌。在英特尔、AMD、威盛三家公司中，唯有威盛拥有全部技术，因为和英特尔相比，它多了GPU这张牌，和AMD相比，它多了移动通信芯片这张牌。对于云计算时代的两个端，不管是终端还是云端，王雪红认为威盛都更有机会。在云端，戴尔服务器首度使用了威盛的芯片，而在未来计算、图形处理和通信功能的融合上，威盛将会做到更好。

同时，王雪红也将云计算带入手机领域，“过去一两年，手机厂商只要提供好的智能终端就已经比别人领先了。但在今年（2012年），云计算会成为我们突破的重点。HTC会在大多数厂商之前，提供给消费者最好的解决方案。”

点评：

未来的互联网革命，将主要集中在云计算和移动互联网上，而且这场云计算的战争已经吹响了号角：国内一些优秀的互联网公司，如百度、阿里巴巴等早已经开始了云计算的征程。这股蔓延的高科技之风也已经吹入了手机行业，云端加终端成为这个产业里所有厂商的梦想版本，甚至连电视行业也开始了“云”风暴。

这是科技发展的结果，“云计算”将是互联网企业以及与互联网相关企业的未来发展方向。因为“云”资源具有无限扩展的特点，并且可以随时获取，随时扩展，按需使用，按使用付费，这种特性经常被视为像使用水电一样使用IT基础设施。作为一个企业领导人，必须时刻保持前瞻性目光。

做一个拥有
时代睿智和远见的领跑者："绿色计算"

王雪红 V

我们希望通过这个标识（"中国芯"品牌标识），将节能环保的IT理念传递给我们的合作伙伴，以及使用威盛"中国芯"的每一个消费者，让绿色计算更加深入人心。

背景：

2010年，威盛正式发布"中国芯"品牌标识，对威盛来说，这是一个质的飞跃，对王雪红来说，更有着不同寻常的意义：她的"中国芯"梦想在此时此刻得到了历史的见证。

这颗"中国芯"有着自己的特色。它并不是一味地追求速度，而是在发展的同时，贯彻了绿色发展理念，为计算机行业带来了一股绿色的风暴。在"中国芯"的标识设计中，凝结了威盛积极推动绿色计算的理念和信心。“我们希望通过这个标识，将节能环保的IT理念传递给我们的合作伙伴，以及使用威盛‘中国芯’的每一个消费者，让绿色计算更加深入人心。”王雪红不仅是这么说的，也是这么做的，因为她“非常务实”。

“IT让我们过得更美好”这句无数企业作为宣传的广告词，在成堆的电子垃圾面前显得是那么苍白无力，就像一个美丽的谎言，一戳便如泡沫一样破碎了。但王雪红却要真正实现这个梦想。面对着激烈的竞争，王雪红无时无刻不在思考着IT的最根本需求到底是什么？难道唯一的发展道路只有不断地加快运算速度吗？还有芯片性能的提升能不能不是一味地以加剧能源消耗为代价？

于是，早在低碳这个词还未被大多数人知晓时，王雪红就做出了一个大胆的决定：为所生产的处理器购买碳排量。由此，威盛成为了第一家购买碳排量的华人企业。这个决定，对威盛来说，是一个富于远见的发展策略：通过和环保机构的合作，威盛每卖出一颗CPU，就种4棵宽叶树，以达到抵消处理器运行中排放的二氧化碳的作用。此外，威盛研发出低能耗处理器的PC，相比其他平台下的PC能耗来说，威盛的PC要低30%到50%。坚持低能耗无疑会大大增加威盛的CPU成本，但对威盛来说，这是一件非常有价值的事。这不仅将“绿色计算”从理念和产品层面上升到企业的社会责任层面，而且将是有功返利于社会的。

于是，威盛改变了自己的研究方向，2001年正式提出了“绿色计算”理念。在威盛CEO陈文琦看来，以绿色、节能为出发点，与环境相和谐的产品才是未来市场的主导，才有长久的发展空间。威盛一定要以一种全然不同的理念来赢得未来市场的话语权。这条道路虽然绕开了摩尔定律，但从另一个方面来说，是对摩尔定律的补充完善，因为它追求的是“绿色环保”的永久发展之路。

从这点上说，王雪红和陈文琦将产品定位在“两高一低”的发展思路上，也是“蓝海战略”的体现。“两高一低”指的是高效能、高集成和低能耗，它是“绿色计算”的主要特点，其中“低能耗”是威盛与对手竞争的重要筹码。

“回望威盛所选择的发展之路，与低碳经济的理念不谋而合，我们为此感到高兴。”未来的竞争将更加激烈，但陈文琦心中早就有了对策：“我们会努力寻找二者之间的平衡点，在增进用户体验的同时实现节能减排。”

点评：

当我们的生活进入智能化时代时，对智能的追求便退居次要地位，节能环保将成为主要追求目标。很多企业家都没有意识到这一点，但王雪红想到了，而且偏偏在很多人都没有意识到之前，便预见了“绿色计算”的未来发展空间。在这点上，不得不说她是一个拥有时代睿智和远见的领跑者。

因为任何一家企业都是处于一个整体生态链中，提倡“绿色”

不仅是技术的发展趋势，同时也是企业的社会责任，这将影响到整个人类生态文明的发展进程。为子孙后代留一片湛蓝的天空，这是企业的责任，也是企业的义务。同时，IT业的"绿色"转型工程还应是每一个人的责任，只有IT业重视是远远不够的，还需要广大消费者的参与和互动，比如当短时间不用电脑时，可以启动电脑"睡眠"状态；关掉不用的程序、音响等外围设备；少开车；不用的电器应立刻拔掉插头等。

八、忘记过去，努力向前——品牌化之路

HTC刚开始选择做欧洲运营商的代工厂商，是市场的选择，也是生存的需要。但当生存问题不再是困扰HTC的难题时，王雪红就在思考该怎样带领企业走出代工厂商的命运。因为一个企业如果没有自己的品牌，便很难将创新做大。于是，王雪红毅然做出了一个决定：向品牌商转型。

不管前面的路如何艰险，真的要做下去，就不应该怕困难，这是王雪红始终坚持的信念。

不想模仿谁，也不想跟随谁

王雪红 V

他（乔布斯）的观点可以改变全世界的人，每一个人都跟着他走，但是我不认同。每个人都有不同的品位，每个国家有不同的文化。HTC必须要有自己的品牌，要自己把价值带给消费者、市场。

背景：

“HTC必须要有自己的品牌，要自己把价值带给消费者、市场。”当王雪红说这句话的时候，她已经坚定信念，决定走出代工厂“为他人作嫁衣裳”的尴尬境地，开始走品牌化转型之路。

早年的HTC和台湾大多数企业一样，也是一个代工企业。在此之前，台湾还没有代工厂转型为品牌商的成功先例。这次HTC的代工厂转型之路的决定，已经酝酿了很久。早在2003年，周永明就注意到：作为一家拥有技术的厂商，HTC在创新方面的努力如果只是通过和合作伙伴合作，很难发挥出自己真正的价值，也不可能将自己创造的价值展现给市场。与其这样，还不如放手一拼，转型品牌企业。但考虑到前面代工企业转型的纷纷失败，HTC讨论了3年，才最终决定在2006年开始自己的转型之路。

从2002年到2006年，HTC一直都心甘情愿地扮演着电信运营商最佳合作伙伴的角色。HTC根本不可能直接与市场进行沟通，它的很多产品都被贴上了别的电信运营商的标志，在中国大陆市场上，HTC的代工品牌“多普达”倒是很出名。对大多数的消费者来说，HTC是他们“最熟悉的陌生人”——使用着HTC的产品，却不知它是何人。

就在HTC对外宣布向品牌转型的前一年，HTC的代工业仍然是风光无限。2006年的几乎每个月，HTC的销量和收入都处于历史新高的榜单中。这个全球消费电子产品最大的幕后制造商就像富士康一样神秘，来无影去无踪，HTC的运营团队也不对外曝光，也鲜有人知道HTC的财务数字。

在很多企业看来，代工厂只要有钱赚就好了，转型品牌的代价是无法估计的，一不小心就会粉身碎骨。然而王雪红却不这么认为，虽然HTC的经营状况非常好，也有着丰厚的利润报酬，但终究是“他人”的“代工厂”，是该树立自己品牌的时候了。“我们是以创新为核心的公司，如果没有自己的品牌，很难一直把这个创新做到很大。”这是王雪红和周永明的默契。

他们开始讨论全球各地的人才差异，好正确地安排这些人的岗位和工作地点，让他们发挥出最大能量。比如，台湾的工程师尽管能力强，却有思维惯性，而美国的工程师总喜欢尝试新的东西，发散性思维比较好。为此，HTC在中国台湾总部及美国的旧金山、西雅图和北卡罗来纳州设立了四个创新机构，以共同探讨产品的发展趋势。在周永明看来，每个人的心中都有一个目标，那就是为品牌转型的成功而努力，因此他们的创新想法自然也会层出不穷。

同时在这次转型中，HTC采取了合纵连横的策略，这是相互依托的品牌策略，目的是实现双赢。因为HTC手机好、配合度高，但做生意不强势，最重要的一点是与其合作的那些电信运营商们也不愿意卖没有品牌知名度的手机。在此基础上，HTC开始从PDA向智能手机转型。

如今，HTC的高管们经常会持一新款的智能手机，在欧美的市场秀场上秀一番。HTC品牌已成功蜕变。

点评：

如果企业“不想模仿谁，也不想跟随谁”，那么就努力走出一条自己的道路。只有品牌的，才是世界的，做代工厂的代价是永远没有自己的消费市场，更别说，要实现自己的国际化的梦想了。

企业只有创立了自己的品牌，才能够定义自己的产品，将自己的产品理念很好地传达给消费者。从这一点上说，企业为品牌化之路做的所有努力都不会白费，每一分努力都会得到它相应的匹配价值。

生存，还是死亡

王雪红 V

当你觉得你只是在付出，你就会觉得很可怜；但你如果把付出当成一种款待，你就会觉得好丰盛。

背景：

对很多企业来说，能够让它们撬动资本市场的支点就是上市了，这不仅是一条实现自己梦想的捷径，更是发展壮大的必经之路，同时也是向世人展示自己努力成果的机会。

可以说，上市就像一个聚光灯，将企业从幕后照到了台前，让更多的观众认识了它，在接受观众评价的同时，企业自身的价值也得到了体现。

1999年，威盛在王雪红的带领下，一路过五关斩六将，走上了发展的快车道。其中遇到的最大竞争对手是微软。当时，在来自微软CEO安迪·葛鲁夫的咄咄逼人的不准做芯片的警告，威盛没有退缩，而是迎难而上，“美国芯片组早期带头研发的人几乎全是来自台湾的留学生。而且英特尔把产品做得非常贵，凭什么不让别人做芯片啊？”后来成为王雪红丈夫的陈文琦很不服气。于是，王雪红用了7年的时间，迎头痛击，终于攻下了全球70%的芯片市场。1999年，威盛的发展势如破竹。这时候，一个问题摆在了王雪红的面前：到底上市还是不上市？对企业家来说，往往在这个时候最痛苦，不上市便意味着这么多的努力白费了，而上市则意味着要承担更大的风险。“生存，还是死亡？”企业家们也和哈姆雷特一样面临着关键选择。

一向果断的王雪红也陷入了两难境地。“当你觉得你只是在付出，你就会觉得很可怜；但是你如果把付出当成一种款待，你就会觉得好丰盛。”

困境中的王雪红虽然觉得上市后的公司将不是自己的私人企业了，作为经营者，她必然会失去对企业的一部分控制权。而且上市之后，要付出的更多：要承担更多的社会责任和义务；不断增强的压力等。但如果把它当成一种款待呢？一个企业如果想要成为强大、完善的现代企业，成为行业的旗帜和商业的霸主，就必须借助资本市场的力量，而这只有通过上市才能实现。企业在上市之后，可以利用多种资本运作途径和工具，例如资产并购、重组等实现行业整合，迅速把自己的“蛋糕”做大。不仅仅如此，上市也是款待自己的企业：企业的管理水平和发展前景、市场认可度以及盈利能力都将得到有力的证明，而且也会迅速扩大威盛的知名度。

权衡利弊后，王雪红最终决定上市。1999年3月，威盛上市了。事实证明王雪红的选择是正确的，因为刚一上市，威盛就受到了资本市场的青睐。之后，王雪红不断招兵买马，2000年，威盛坐上了台湾的科技“股王”宝座，事业版图迅速扩展，拉近了和微软的距离。紧接着，2002年，王雪红的HTC也正式上市。有了威盛的发展和经验的借鉴，HTC的发展变化更加突出，曾多次登上“股王”的宝座。

点评：

“生存，还是死亡？”当莎士比亚笔下的哈姆雷特陷入内心的争斗时，此刻的他成了后来众多文学家们大为称赞的经典形象之一。文学都是来自现实的，当“生存，还是死亡”的上市问题摆在王雪红的面前时，她内心的挣扎痛苦不亚于哈姆雷特。

如果想要获得更好发展，上市是必然选择。虽然要承受的责任和义务增多了，风险大了，但上市之后企业的发展空间和效益将会得到很大提升，企业原有产品市场也将会得到扩大，而且还有利于行业整合。从战略层面上说，这也是一种决策。决策的本质类似于玩扑克牌游戏，每发一张牌，风险性就会高一些，但在最后一张牌发出之前，你永远都无法知道最后的结果。玩牌最重要的是本事和技巧，知道什么时候该果断把牌朝下，实行战略转折。

我们为什么不能自己做

王雪红 V

钱都被别人挣走了。在美国硅谷，到处都是华人科学家在工作，我们为什么不能自己做呢？

背景：

中国企业需要雄起，如果只是一味地跟随别人，就没有出头的机会。不如想象一下这样的场景：当你找遍电脑主机上令人眼花缭乱的各种配件，却几乎找不到一个是中国人自己做的时，你的心情会怎样？

“钱都被别人挣走了。在美国硅谷，到处都是华人科学家在工作，我们为什么不能自己做呢？”王雪红的这句话，不仅是对那些沦为代工厂的企业和没有自主研发技术企业的痛心感慨，更是对自己提出的挑战。

这是一个民族的不幸，缺乏自主研发的核心科技技术，中国成为世界的“加工厂”，却不是世界的“研发厂”。王雪红深知其中的痛，早年留学美国和自己创业时那些辛酸让她更加坚定走振兴民族品牌之路，要将中国的带到世界去。

于是，威盛就开始朝着这一目标前进，成立了研发芯片组。尽管在当时的台湾，这个领域还是一片空白，国际上还只是少数巨头的独秀，很多企业成立后最重要的事情就是找国际大企业“求”代工，但“我们董事长从建立威盛第一天开始就没想过这么干，代工企业在国际产商面前永远矮一截，受制于人。”威盛电子中国区的掌门人徐涛回忆说。

面对着中国高科技领域知识产权的技术匮乏和处处受欧美发达国家牵制之状，王雪红决定剑指IC市场，做“中国芯”，而且还要让这个梦想种子在世界的土地上生根发芽开花。

“Nano凌珑”处理器的发布，对“中国芯”梦想的实现有着十分重要的意义。

无论是对威盛电子还是对于华人IT产业来说，“Nano凌珑”的地位都是无可替代的：第一款出自华人芯片技术的64位处理器，也是华人处理器首次进入65纳米制程时代的标志，最重要的是，它的性能是C7的2~4倍，却依然保持着和C7相当的低功耗水平。这意味着，自此，芯片厂商终于实现了能耗控制和性能提升之间的最佳平衡。除此之外，威盛还一鼓作气，将这种“平衡之道”延伸至整个产业链，制定了一条和谐平衡的发展之路。

“Nano凌珑”一经推出便获得业界的高度关注，威盛迎来了国内外厂商的产品合作机遇。在如今能源供应趋于紧张的情况下，威盛的这条低能耗发展思路获得了很多人的认可，众人纷纷赞叹，连惠普也成了它的拥趸。甚至连英特尔也在跟随威盛走，因为“威盛确实在低能耗领域探索了很多年”。如今，威盛终于迎来了收获时刻，然而王雪红并没有停下脚步，“中国芯”的梦想仍在跳动。

“威盛电子是中国人自己的高科技企业，我们更应该用自己的方式参与其中，并为中国加油！”陈文琦对威盛的“中国芯”很是期待，奋斗多年的威盛终于迎来了华人芯片时代的来临！伴随着这一成果，王雪红把威盛的社会责任感和企业使命感提升到了一个前所未有的高度。

点评：

在彼得·圣吉等著作的《变革之舞：学习型组织持续发展面临的挑战》书中有这样一段话：“任何进步都不会保持太久，除非革新者学着去理解为什么体制会反弹回来，以及他们自己的态度和观念（还有其他因素）是怎样助长‘反弹’的。当他们意识到这一点后，他们就会开始持续保持深刻变革的系统性战略。”

将这段话运用在王雪红的经营理念中就是这样一个阐述：很多“代工厂”虽然有意转型，但最后都失败了，体制最后又反弹到原来的状态，这与他们的态度和观念有很大的关系。认识到了这一点后，王雪红时刻保持着变革之心，在适当时候实施系统性战略，并将这个战略与自己的企业使命联系起来，使自己的企业不断前进，“Nano凌珑”就是最好的答卷。

学会寻找更为广阔的市场

王雪红 V

HTC想的是先去把国际市场做好。但中国市场对HTC是非常重要的，我们第一步是先从品牌开始做起。第二步是让中国的消费者真正认识到HTC技术的创新。第三步是跟运营商的合作……

背景：

“我们看到越来越多的世界500强企业大幅度增加在华投资，并把它们的全线产品和最新解决方案第一时间带到中国。这说明中国经济的持续高速增长，正在不断提高世界对于中国的重视，对于中国市场的重视。威盛电子是中国人自己的高科技企业，我们更应该用自己的方式参与其中，并为中国加油！”威盛总经理陈文琦这样说道。

其实，王雪红对中国大陆市场并不陌生，早在HTC之前，她旗下的公司就在大陆市场上开始了“耕耘”。王雪红和她的父亲王永庆一样，非常重视在祖国大陆的发展。首先，大陆具有巨大的潜在市场。虽然中国是世界第六大经济体，但微电子产业则远远落后，90%以上的芯片靠进口。其次，在中国大陆这片坚实的土壤上，“中国芯”梦想更容易开花结果。

对于进军中国大陆市场，王雪红做足了准备。“HTC是中国的公司，我们刚开始是做美国和欧洲的市场。我们觉得那边的市场比较困难,HTC想的是先去把国际市场做好。但中国市场对HTC是非常重要的，我们第一步是先从品牌开始做起。第二步是让中国的消费者真正认识到HTC技术的创新。第三步是跟运营商的合作……”

为了争取大陆这个庞大的市场，立志要做中国人自己的“中国芯”的王雪红，决意落户中关村，然后以中关村为核心辐射全国，于是她提出：“威盛是中国人自己的公司，威盛的中央处理器是中国人做的电脑心脏。”

因此，陈文琦视中国大陆为实现“迦南计划”的战略主市场。2004年，威盛在中国大陆的研发人员扩至2000人，只比威盛总部少500人，并在北京、深圳、上海、杭州等四个地方设立了研发点。

为了扩大在大陆芯片组及半导体领域的事业，王雪红亲自担任威盛电子公司“大陆特别工作组”组长，并与大陆的PC界建立了广泛而良好的关系。联想集团总裁柳传志被王雪红这种锲而不舍的精神深深打动了，决定采用威盛的CPU。首次采用威盛CPU的联想个人品牌电脑，在2001年4月开始投放市场。此外，联想集团旗下的主板机公司的芯片组采用威盛产品的百分比就达到了70%以上，同时威盛又与清华紫光等多家中关村企业联盟，威盛由此在大陆有了稳定的产业供应链。

和王雪红旗下的其他企业相比，HTC虽然是后起者，但HTC在三年的时间里销量迅猛增长，在智能手机领域的品牌知名度和用户的喜爱度丝毫不亚于传统的手机巨头。HTC中国区总裁任伟光展现了HTC的大陆规划计划：目前已经在大陆开设了2000个专卖零售点，同时有9000个合作零售点。在2012年，零售点将扩至9000个，合作零售点2万个左右，专卖点市场扩至全国15个城市。

毫无疑问，威盛是一个有着发展潜力的手机品牌，因为它年轻，充满生机和创造力、有想象力，且有能力将梦想变为现实。同时，它一直都是一家受人尊敬的企业，因为它能够勇敢地扛起打造民族品牌的大旗。

点评:

寻找更为广阔的市场，从另一个层面上说，也就是企业为自己寻找更多资源进行“扩张”。对于“扩张”，有学者定义为“公司资源和它的期望之间的不相吻合”。其一，许多公司虽有丰富的资源但缺少足够的扩张期望，这种公司比较容易自满。其二，还有一些公司资源基础缺乏但却有着极大的野心驱动力，充满扩张期望。

对于前一种企业，其事业版图很容易被固定住，无法获得长远发展；后一种虽然有着扩张野心，但是资源不够，很容易成蹩脚的怪人。所以，一个企业最好的扩张时期，是野心驱动力达到最大并且也有着丰富资源做保证的时期。在这一点上说，王雪红选择进军大陆，扩张其事业版图正是遵循了这一扩张理念。在这个过程中，企业要学会集中优势资源主打战略焦点，同时汲取经营和借用他人之力。另外，企业还可以以一种资源填补另一种资源不足的策略，也就是混合策略，在最短的时间里回收市场资源。

锁定最核心的部分

王雪红 V

我们做高科技，一定要掌握核心技术，勇于突破创新，这样才能使得国家和民族的未来更加充满希望。

背景：

对HTC来说，话语权缺失一直都是它成长路上的一块“绊脚石”。在智能手机的产业链上，HTC一直都扮演着资源整合者的角色，要想突破这种险隘的局面，只有两条路可以选：第一，打价格战，在价格和成本之间寻找敏感地带；第二，尽最大努力提高创新速度。第一条路需要一个纵向一体化的产业链，第二条路则需要拥有领先的核心技术，显然两条路对王雪红来说，都有困难。

经过多年的积累，HTC虽然拥有了不少的核心技术，但大多数都集中在用户体验层面上，涉及产业链上最重要的操作系统则很少。

现在HTC的业务重点还是在安卓系统上，虽然谷歌宣称是开放的，但没有永远免费的午餐，原因是安卓系统侵犯了一大票专利，等着收取这个专利费的人有很多。

王雪红为专利打官司已经是家常便饭了，因此王雪红不断强化企业核心技术。“自投身高科技产业，我就一直坚信：外国人能做的事情，中国人也一定能做到！威盛‘中国芯’的突破和HTC的创新，就是在这样的理念下一路走来的。如今这一信念在我心中变得越发坚定，我们做高科技，一定要掌握核心技术，勇于突破创新，这样才能使得国家和民族的未来更加充满希望。”

面对着一场场专利战，王雪红只有一个信念：“我投身高科技领域以来一直战战兢兢，我深知不进则退。我清晰地记得我父亲生前说过的一句话，美国人、欧洲人、日本人能做的事情，中国人也一定能够做到。我们要在高科技领域拥有更多的核心技术，才能拥有话语权，有更广阔的发展空间；我们要为中国人在世界高科技的舞台上争得一席之地，虽然这条道路充满艰辛，我们仍旧执著前行。”

这条道路虽然艰辛，但王雪红仍旧执著前行，因为她要锁定技术最核心的部分——专利，“任何人都无法阻止HTC的创新和发展”。

“我们会继续支持Android”。但HTC有着自己的产品差异化优势：“对于HTC，是不是就靠着Android，我觉得不是。开始做智能手机的时候，HTC是跟微软合作。HTC是硬件和软件都相当有能力的公司，在掌握硬件和软件之间，尤其是像OS（操作系统），我们要发挥出自己的强势。”态度温和，但王雪红的话语很强势：“我们不会只放在

Android，我们的做法是，OS只是一个基本架构，然后在OS上表现出HTC的特点和差异化，这是最重要的，这需要比较深入的软件技能。”

在硬件方面，已经做得很好的HTC，此时正在加大研究力度提高自己的软件开发能力，以尽快锁定竞争的核心部分——专利。

点评：

核心技术对一个科技公司来说，像是心脏，它供应着身体的各个器官，维持着它们的正常活动。同时，它也是企业外交话语权的重要力量来源。缺少核心技术的企业，就会受制于人，处于被动状态。尤其是科技企业，想要获得长远发展，就一定要有自己的核心技术——专利，否则很容易被别的企业打败。

现在很多企业都在申请自己的专利技术，把它当作自己的私有财产保护起来。一旦别人侵犯了自己的专利技术，企业就可以拿起法律武器进行诉讼。当然，市场中如果没有专利战更好，因为这表明，每家企业都在努力地研发自己的核心技术。这时候的市场竞争将是真正公平有序的技术竞争。

专注于自己拥有的，低调卓越

王雪红 V

如果上课时，每个人都像天才，而你只是喜欢弹钢琴，那你只能面对现实，及早意识到自己不具备的，从而专注于自己拥有的，这很重要，这一直是我的态度。

背景：

在父亲王永庆的10个孩子里面，王雪红起初并不是最有可能在商业界的，因为她的梦想是成为一个钢琴家。后来专读经济系，是因为王雪红在上学期间发现自己并不适合做一位钢琴家，尽管那是她的梦想。

“如果上课时，每个人都像天才，而你只是喜欢弹钢琴，那你只能面对现实，及早意识到自己不具备的，专注于自己拥有的，这很重要，这一直是我的态度。”还在学校时，王雪红就开始为父亲在美国购买医疗设备。毕业后，她在二姐王雪龄的大众电脑公司找

到了一份工作，在美国旧金山贸易展上一举为大众拿到了通向个人电脑生产领域的通行证。当台湾的劳力成本开始上升，许多台湾IT制造商开始纷纷引入东南亚劳力时，王雪红没有这样做，她采用了不同的策略，转战中国大陆市场。由此，大众电脑公司成为首批在中国南部地区建造制造基地的台商之一。

王雪红的这种执著和开创精神，延续到了她的创业中，她仅用了五年的时间，就将在硅谷创办的芯片设计公司——威盛迁到台湾，成为台湾首家芯片设计公司。不可否认的是，在王雪红二十多年的创业经营中，父亲投射下的巨大身影已被她发展成自己的“雪红风格”——专注于自己拥有的，低调卓越。

在美国本土销售的智能手机里，曾经一度，每六部手机中就有一部出自HTC。在IDC的报告中，宏达电子的快速崛起，与智能手机成为英美主流产品的速度有关，“变动太快，以致诺基亚在内的传统大厂猝不及防”。

这一切皆因为HTC的“专注”。在目前全球前三大智能型手机苹果、三星和HTC中，只有HTC专做智能型手机、平板电脑，不做其他产品。在这里，HTC聚集了所有软硬件工程师的能量，试图和全球科技品牌一决高下。

HTC专注于创新，用创新来解决问题，HTC的周永明曾经这样说过：“从公司创立的第一天开始，宏达电子就一直专注对创新产品的研发。1999年，我们设计了XDA和PocketPC手机版本，这是我们的首款触摸屏智能手机。”当HTC在遭遇了苹果的专利诉讼时，HTC美国业务副总裁杰森·麦肯齐很有自信地说："我们对自己的创新以及捍卫自己权益的能力很有信心。"

在建立自己的品牌格局时,HTC更是秉承"专注"这一信念，做到低调卓越。

"HTC起步占了先机，先做了智能机；之后押宝LTE，早期LTE几乎是HTC一家的天下，这直接决定了HTC在初期的快速发展。但真正到一线之列，还得需要不同的战略来领先一步抢占窗口期。"HTC的任伟光说，"即使窗口期不断增多，最终还必须要建立品牌，才能最终巩固地位。"

当HTC在经历了代工厂的阵痛后，决定要建立自己的品牌，但对于半路出家的HTC来说，并不容易。当时这个行业已经巨头林立了，但HTC还是决定打出品牌这张牌。但是怎么打？"所有品牌都有钱，都在大声叫喊,HTC就是这样一手牌上牌桌，牌能怎么打？"CEO王景弘说，"最后就选个最低调的法子，用语言形容就是quietlybrilliant（低调卓越），我们不出声，出声就要讲得很有影响。"

点评:

在高度竞争的环境下，核心能力可能会成为一种核心刚性。企业在建立起自己的高度专业化资源的同时，也建立了自己的核心刚性。"核心能力观"注重企业价值链中的个别关键优势，但这也压抑了企业的注意范围和吸收新信息的能力，从而降低了企业的灵活性。

从更远的意义上说，应该将这种“核心能力观”视为“动态的能力”。这种观点认为，战略选择在静态时点上是有限度的，因此管理者要能够根据企业的具体情况辨别自己的独特资源，决定何时进入新的领域和进入方式。在这一点上，王雪红选择的“专注于自己拥有的”，便是在核心刚性的基础上，用“低调超越”的“动态能力”作为前进的船桨建立起HTC品牌的。

九、影响力

衡量领导力的真正尺度是影响力，如果你缺乏影响力，你将永远无法获得别人对你的信服。领导力只有在追随者那里才能得到证明。

对王雪红来说，任何时候她都不缺追随者，她的梦想之路上总是有很多团队伙伴。此外，这种影响力还表现在她的人格魅力上——谦虚、执著，表现在HTC的企业文化上——东西方文化的融合。

把“party”开到欧洲去

王雪红 V

高科技行业不进则退，事实上我们是有一些需要进步的空间，我们在欧洲有些国家战略没做好。

背景：

在开始创业时，王雪红就把自己的企业目标定位在国际化企业上，不仅要稳扎台湾，还要将“Party”开到欧洲去，开到世界去。

这个梦想早在她还在大众电脑公司就萌发了。那时，她打了一场著名的战役——西班牙追债。在西班牙的巴塞罗那，她一待就是半年，虽然最终没有能把钱要回来，但这次西班牙之行，给了她打开了大众计算机在欧洲市场的机会。

时隔多年，转眼之间已经是2012年，王雪红再一次来到巴塞罗那，她不禁再次想起二十多年前的那场跨国追债。“那时候，一边打官司，一边坐火车跑到法国、德国去卖电脑。”当王雪红回忆起那段在欧洲的生活时，仍然是历历在目。

这一次来到巴塞罗那是为了参加一场Party。这场Party的主角是HTC的王雪红，随行的还有被称为“台湾乔布斯”的周永明、威盛电子总经理陈文琦和HTC的股东之一，资本研究全球投资副总裁陈力健等。这次Party不是寻常的Party，因为举办世界通讯展（MWC，2月27—3月1日）的缘故，所以这场Party可以说是一场“软实力”较量的舞台，来这里的人们都是行业精英，杯酒和谈笑之间，就是不动声色的比拼。在2月28日晚的这场HTCParty上，工作人员送给她一部新鲜出炉的HTConeX手机，王雪红爱不释手地一边把玩着这部手机，一边对陈力健说：“这是最好的手机。”

和那些用心打扮过的科技巨头甚至精英们不同的是，她照例是一件褐色外套，只不过里面的衬衫换了不同的颜色。她本该是这场盛宴的主角，但却毫不起眼，人们对一向低调的她已经习惯了。在这场宴会上，王雪红要比他人热情、开朗、亲切很多，没有架子，喜欢大声地笑，就连VIA公司（王雪红创办）的CEO张可也忍不住说：“董事长（王雪红）人很开朗，像打仗的将军。”

2013年2月26日，王雪红刚刚参加完HTC的现场发布会。在现场，被寄予厚望的HTCone系列智能手机发布，其中关注度最高的是搭载Android4.0与HTCSense4.0的ONEX。虽然HTC半年间经历了一连串挫折，但王雪红不肯轻易低头，她希望HTCone系列能够获得巨大反响。

这也是她打开欧洲市场梦想之门的钥匙。随着更多互联网，包括电信运营商对移动互联网的介入，他们希望能够在安卓系统上做相应的第二次开发，改变用户体验，这将使HTC的Sense的用户体验不再具有优势。所以HTC开始赋予HTCSense更多内容，在其设想中，智能手机将成为便携式媒体中心，而Sense将担负起承载一切平台的重任。HTC的执行长周永明也希望这次突破能够得到市场认可，带领HTC跳出泥潭："我希望五年以后（也就是2016年），当你去问消费者，最酷的手机是哪家公司提供的？他能想到HTC。"

点评:

把"party"开到欧洲去，是王雪红实行其国际化战略的重要一步。对于一个企业来说，企业的国际化战略是指企业针对国际业务制定的策略。针对企业国际化策略的使用，早在1965年，伊戈尔·安索夫就在他的《公司战略》一书中根据不同的情况提出了四种策略，有市场渗透型策略、市场扩张型策略、市场差异化策略和产品多样化策略。虽然安索夫并没有把市场分为国际市场和国内市场，但是这些策略对于现在的企业国际化战略同样具有实用价值。

对王雪红来说，要想打开国际市场，就必须要有自己的市场优势，而这些优势则是来自于产品本身的魅力。因此，HTC不断地扩大自己产品的差异化优势，为用户提供优于他人的服务。

谦虚执著，方能成就未来

王雪红 V

我从小就养成了不想被控制，不想跟人走的个性。执著、不服输！

背景：

“在荣耀面前保持谦虚”，这条记载在《圣经箴言》第15章33节中的圣经诗句被王雪红深深记在心中。作为一个虔诚的基督徒，在事业辉煌时，王雪红时刻都没有忘记“我的一切都是神赐予的”。

王雪红把这种谦虚精神融入了自己商业运作的方方面面。作为威盛集团的董事长，王雪红没有一点官架子，处处表现得很低调。

此外，王雪红的谦虚还表现在热情、开朗和亲切的态度上。即便在谈到自己的经营方式和业务时，王雪红也会十分热情和开朗。和那些处处要威风，爱摆官架子的管理者相比，王雪红身上要多了很多的亲和力。她常常忘记自己的身份，和普通员工们之间就像朋友一样，威盛的员工们都很喜欢她，因为她易接近、易沟通。她爽朗的笑声常常让紧张而有压力的气氛，瞬间变得轻松活跃起来。与王雪红共事多年的张朝深说："虽然王雪红是出资者，是老板，但我可以和她大声说话，她从不生气，给我空间，其实这更让人佩服。"

同时，这种谦虚的态度还体现在经营管理的授权上。"我总是想聘请能够教我一些东西的人。如果他们能以一种简单的方式教我，不光我会理解这个问题，他们也能做得更好。"王雪红亲自打理的公司不过数家，更多时候是放权给公司的高层管理者。

在消费者和市场上，和HTC合作的T-Mobile的一位高管说："王雪红用消费者的眼光来管理企业，因为她并不是一名工程师。很多时候，她都是凭直觉做出了正确选择。"但谦虚的王雪红也表示："这种直觉判断有时候并不够用。"

这种谦虚的精神，同时也是一种学习精神。"无论何时，你的所学永远都是不足的。你永远都需要不断地去学习去工作，才能使你周围的人和你的客户都称心满意"。王雪红在经营企业时的"管理圣经"，除了得到父亲的指点外，更多是靠自己放低姿态，通过不断学习得来的感悟。

不断地学习也是一种执著精神的体现。执著的王雪红总是抓紧时间来学习，这让她不仅拥有了敏锐的判断力，还拥有了对未来产业发展趋势的正确预见，让她的决策更具胆识、魄力以及可实现性。王雪红的HTC，是最早做智能手机的公司。那时，全球智能手机市场趋势还很不明朗，甚至看不到希望，但王雪红坚持认为，如果能够在具备通话功能的手机中嵌入掌上电脑功能的话，那么在未来市场上无疑将会占有独特地位。

从王雪红的身上不难发现，只有执著谦虚，方能成就未来。

点评：

曾作为微软第一任华裔副总裁的李开复，举了这样一个例子：″我有一个朋友在微软专门帮助比尔·盖茨准备讲稿。这个朋友告诉我，每次演讲前，比尔都会自己仔细批注并认真地准备和练习。到台上讲的时候都会讲得很好。而且。比尔每次演讲完，都会下来和我的朋友交流，问他′我今天哪里讲得好，哪里讲得不好？′并且他并不是问问就算了，还会拿个本子记下来自己哪里做错了。当一个人能够在事业上做得这么成功，但还能这么敬业，还是这么谦虚，还是这么愿意学习，这是非常难得的，因为很多人成功了就变得很自大。我觉得比尔·盖茨是一个了不起的人。″

比尔·盖茨是一个非常了不起的人，因为他从来不炫耀自己，总是很谦虚、执著。和他比起来，王雪红更是一个了不起的人，她始终有着一颗爱学习的心，柔性、低调、谦虚、执著、果敢、过人的胆识等很多美好的品质都汇聚在同她身上，可谓是臻于完美。

信任的真谛

王雪红 V

HTC运气很好，得到很多机会。所以我们敢说自己经验足够、技术领先，我们有很多全球第一。

背景：

“HTC是我们合作过的最好的厂商，最好的伙伴！”这是微软总裁比尔·盖茨给予HTC的最高评价。对于这位合作者，微软给予了充分的信任，不仅加大了在合作方面的深度，更成为HTC一路走来最坚定的支持者之一。

2000年以后，微软推出自有平台手机计划，这一次HTC迅速抢占了与其合作的先机。原因不仅是HTC首先做出了很好的样机，更重要的是微软对HTC的信任。

为了拿到这个合作机会，王雪红亲自率领她的团队到微软总部西雅图见比尔·盖茨。对于这一次的会见场面，王雪红深有感触：“整个会议室，比尔·盖茨坐前面，我坐在第二个，前面有一个微软的经理，当时他对我们不太重视，向比尔·盖茨做报告的时候，也没有把我们讲的很好。但比尔·盖茨一直知道我们，因为我们是第一家跟他们合作的（中国）公司，他才会很热情地想了解我们。”

如果不是出于信任，比尔·盖茨也不会知道这个当时名不经传的小公司。在去会见比尔·盖茨的时候，王雪红等人做好了充分准备，他们沉沉的包里装满了东西。在现场，周永明和卓火土还别出心裁地表演了一场“魔术秀”。在和比尔·盖茨交谈的时候，他们把装在西装口袋里的手机一个接一个地打开，就像变魔术一样，让比尔·盖茨目不暇接。“比尔，我有一个新的东西我觉得不错，要给你看一下……我还有一个东西要给你看，它的概念有点不一样，它可能是你看到的第一款3G智能手机……”比尔惊讶地问王雪红：“Cher(王雪红的英文名)，你们是怎么做到的！”比尔的这个惊诧表情让王雪红等人记忆犹新。

对于和HTC的合作，比尔·盖茨认为，微软没有和哪一家公司像这样深度合作过，即使是戴尔和惠普。虽然HTC不是最大的，“HTC是一家朴实的公司，比较简单，可内心又很热情，喜欢追求创新的东西”。周永明给了HTC最合适的评价。

当谷歌和HTC合作时，HTC虽然已不是和微软合作时的小公司了，但相对于强大的竞争对手来说，还是逊色不少。谷歌之所以看中HTC，是因为它已经拥有设计和制造颇具吸引力的移动产品的能力。王雪红也自信地说：“我们已经做好准备。我们拥有强大的客户基础，他们都喜欢我们的产品。”也正是出于这一份信任，HTC拥有了包括很多分析师和业内人士的“忠实粉丝”。

事实上，HTC在短短数年间能够迅速地成长，达到今天的成就，是因为HTC为自己搭建了一个很好的平台。在1997年HTC刚成立的时候，HTC就最先成为惠普等厂商的代工PDA，之后是微软。而此前的所有积累，似乎都是为了和谷歌结缘。因为经验丰富，得到了很多合作厂商信任的HTC很快地被选定为研发Andriod操作系统的手机厂商，并在安卓阵营中充当“先锋”。

随着安卓手机的发展，HTC在市场上也远近闻名，成为众人熟知的手机新贵。

点评：

信任会赢得对手的心，在王雪红的经营理念中，企业合作更需要信任，这也是她做强做大企业的重要原因之一。但信任也是需要一定条件的，不是哪家公司都能随便赢得与大客户合作的机会。首先，企业自身必须具备一定的实力。如果一个企业自身根本没有什么实力，不要说大客户了，就连小客户也不愿意和你合作。其次，企业间应坚持双赢战略。企业与企业之间的信任，最根本的原因还是出自于利益。企业间建立伙伴关系，目的就是为了实现〝双赢〞或者〝多赢〞。在与大客户的合作中，企业如果以〝微利入市〞的话，更容易赢得大客户的高度信任。最后，为了取得大客户的信任，企业首先要做到“有利、有礼、有节”，有利是双赢策略；有礼是自己良好的精神气质和风貌；有节是企业原则和立场。

除此之外，企业还要谨记一条，任何时候都不能过分依赖大客户，这不仅是对企业自身利益的保护，同时也能给彼此之间留下信任的空间。

永续经营

王雪红 V

其实做IT产业，还有另外一种做法，就是把公司做得差不多时，转手卖掉，这样就可以赚到一笔钱，但我们不想这么做。因为我们想长久发展，我们希望做世界最好的企业。

背景：

王雪红的父亲王永庆曾经说过："对于企业，有两种做法，一种是做大了以后卖掉，一种是持续经营下去。我自己做的企业，永远不会卖掉。"深受父亲影响的王雪红也坚定不移地选择第二条路——永续经营。

对于"永续经营"，王雪红是这样看待的："其实做IT产业，还有另外一种做法，就是把公司做得差不多时，转手卖掉，这样就可赚到一笔钱，但我们不想这么做。因为我们想长久发展，我们希望做世界最好的企业。”

当她被问到，如果有机会，是否会接父亲的班时，王雪红干脆地回答道：“当然不会了，隔行如隔山，还是IT更适合我。”不管是威盛、HTC，还是王雪红旗下的其他几十家企业，王雪红都希望它们能够持续、长久地发展下去。她相信这块事业版图不会萎缩，只会扩大，因为她坚信：

第一，只有创新才能发展，HTC一直都在追求创新，从不曾停止过。第二，企业每天只要追求进步，哪怕只是一点点，也是进步，这就离目标不远了，同时也能得到永续发展。企业不要静止不动，停留在原处，要在稳定中发展，同时还要顺应时代和环境变化的趋势。

同父亲一样，王雪红从没有把目光停留在一家企业上面。正如王雪红所说的“还是IT更适合我”，IT行业的迅速发展为王雪红提供了广阔的空间。她除了以个人名义投资一些公司外，以威盛团体参与投资的公司就多达30多家，涵盖了IT产业从底层产品设计、基础技术开发、整机生产到销售等不同环节。

和父亲不同的是，台塑集团旗下的各个企业之间虽然是独立核算，但还是隶属于一个集中的领导核心，并且相互之间有着密切的联系。而威盛旗下的各个公司虽然在资源上有些契合之处，但却是各自独立经营，企业的职业经理人之间有选择是否合作的自由权力。就像徐涛所说的：“老板花了10多年慢慢建立起这个体系，看起来很庞杂，但我们仔细看就会发现，这里面其实是一个有机的体系，从高端技术研发、生产，到中间的物流、IT资讯，再到最终端的品牌，这些子公司在经营上完全是独立的，但是在产业链上却是相互连接。”

永续经营就像一个愿景，激励着王雪红不断前进。数年前，当王雪红刚刚成为“台湾第一女首富”时，身为父亲的王永庆并没有流露出高兴的神色，而是缓缓说道：“她还差得远呢。”几年之后，当王雪红获得“亚洲之星”殊荣时，王永庆的眼里才露出一丝遮挡不住的得意。

在外人看来，王雪红的事业已经做得足够大了，但王雪红认为自己依旧在路上。她在想着，怎样让威盛在未来能够获得更大发展，如何将几十家公司整合，让它们发挥出更大的作用，因为王雪红追求的是“永续经营”。

点评：

“不想当将军的士兵不是好士兵”，一个优秀的企业家首要具备的要素应该是：野心！没有野心，企业会停止发展，会萎缩，甚至会倒闭。

然而当企业的经营进入正规时，又该怎样使这份基业保持常青呢？这就需要“永续经营”的理念：不把经营企业看作是创业，而是以一种超乎平常的眼光和经营智慧来创造一个产业格局。

纸上得来终觉浅

王雪红 V

阿爸，看起来书本上的经济学都是一些空洞的理论，在现实的经商活动中，是要把干巴巴的理论变作现实的。

背景：

2008年10月，王永庆离世了。就在一个月前，王雪红还曾与父亲一起吃饭，在席间，王雪红送给父亲一台自己企业生产的HTC智能手机。面对父亲的突然辞世，一向坚强的王雪红再也抑制不住心中的悲痛。

在父亲的灵堂前，王雪红红着眼眶说："我相信他留给我们的很多风范，如勤劳朴实、脚踏实地做人、追根究底、止于至善，这些真的是可以给子子孙孙好好揣摩、好好实现的，我相信这些都是我们最大、最好的资产。"

王永庆一生都在为台塑操劳。在以86岁的高龄退休后，他并没有颐养天年，依然在为台塑奔波着。美国金融危机发生后，他担心石化会受到影响，并亲自到美国去考察，指挥作战，最终累倒在工作岗位上。

王永庆生前一直被很多人尊称为“经营之神”，他将自己做企业时的心得体会以家书的方式，写给当年在美国留学的王雪红。这些家书被王雪红很好地保存了起来，并在此基础上形成了自己的“管理圣经”。

在形成自己的管理风格时，王雪红始终没有忘记父亲的教诲，尤其是跑步时聆听来的那些经济课，其中印象最深的是和父亲谈她在美国新闻报纸上看到的一则关于台塑集团组建化学船队的事，那次交谈让王雪红学到很多。“阿爸（王永庆），看起来书本上的经济学都是一些空洞的理论，在现实的经商活动中，是要把干巴巴的理论变作现实的。”所以，王雪红在任何时候，都强调自己“务实”的精神。

在创办HTC时，王雪红希望生产的PDA是一款能兼具手机功能的迷你电脑，但PDA的想法未能得到客户的认可。直到2000年，当HTC和康柏及惠普签订生产PDA的合同后，这条路才变得前景可观。

接着，HTC开始为德国电信和沃达丰等移动运营商生产基于Windows系统的定制智能手机。2006年以后，HTC开始转型做自己的手机品牌。除了和微软合作外，HTC还和谷歌合作。

在HTC的日常运营中，尽管有首席执行长周永明的全权负责，但王雪红每天至少要与周永明交谈一次，每个月会去公司一次并召开两天的战略会议。虽然王雪红定居在美国加州，但平均下来，她待在美国加州、中国台湾和大陆的时间几乎差不多。这就意味着，王雪红大部分的时间都是在飞机上度过的，她很喜欢这样。

在威盛与英特尔长达十几年的争讼中，王雪红更深刻地领悟到了“纸上得来终觉浅，绝知此事要躬行”的内涵。如果她仅仅只是喜欢纸上谈兵，不亲自去做企业，那么她永远不可能获得对创业、企业管理、销售等众多的商业命题更为直观的深刻认识，也不可能从一个理想青年成长为拥有丰富竞争经验和成熟商业理念的企业家。

点评：

在这一节，王雪红给我们提供了一个重要的经营管理理念：企业的经营管理哲学永远都不能照抄照搬书本知识，只有通过躬行实践才能找到符合企业的实际经营管理理念。在知识管理中，企业需要有意识地收集有关经营或产品的所有资料，并使之系统化。企业进行知识管理，不但要使外显的知识进一步成为能够取用和参考的资料，同时更应该将自己心中内隐的知识调动起来，成为可以传递给未来的记忆，进而提高机构的智能和企业的整体知识。但这种知识又不是静态的，而是动态的，它需要企业反躬自省。这更是一种将知识变为实际可操作的行为实践的态度。

东西方交融的文化

王雪红 V

我是一个不太喜欢被人家管的人。我很感谢在大众学到很多东西，我也觉得自己可以做些事情。

背景：

“我是一个不太喜欢被人家管的人。我很感谢在大众学到很多东西，我也觉得自己可以做些事情。”这便是与众不同的王雪红。自小留学美国的她在读加州大学伯克利分校时，借着那里的自由空气，博览群书，学到了很多知识。

美国那种独立自由的民主氛围造就了她独立的个性，再加上父亲王永庆的影响，在这种自由多元文化的洗礼之下，王雪红在经营策略的选择上更能跳脱环境的限制。同时，开阔的文化视野让王雪红更能全面思考科技“平台”。所谓“平台”包括了技术规格的发展方向、科技共同生态的变化，选对平台，正是HTC超越诺基亚的关键因素之一。

对于HTC来说，对的平台就是能够掌握足够多的软件和应用，这对HTC的工程师们来说是一个挑战。当智能手机刚刚开始成长时，通信软件市场平台已经被诺基亚的Symbian平台和黑莓机的RIM占去了绝大多数份额。从不向困难低头的王雪红，选择了市场占有率不到5%的Windows作为自己的开发平台，这样一来，也就是说把个人计算机的软件窗口平台放在手机上，以达到运算和通信的完美结合。

对这一平台的选择，周永明给予了很高的认可：“当时我们就看出了智能型手机发展方向，会往高阶运算去走！”他自信地说，因为其他的平台太简单了！太简单的平台，无法满足消费者的需要。

为了让软件能够真正互相整合，王雪红加大了HTC的技术和人才投入，HTC的软件研发工程师一下子从500人增加到了2000人。当比尔·盖茨看到HTC研发的智能手机时，也忍不住惊叹道：“你们真是最伟大的硬件公司！”

这时候王雪红就在想，盖茨不愿意承认HTC已经追上来了，不愿意让微软“最伟大的软件公司”旁落他家，所以便给予了HTC“最伟大的硬件公司”的最高赞美。

没有乔布斯的魅力，但王雪红以扎实的产品生产和全球的电信运营商一起合作，这是HTC超越诺基亚的又一个重要因素。

总之，HTC能够在短时间里超越诺基亚，登上市值第一的宝座，是因为王雪红的务实。崇尚自由的王雪红深知，自由要靠务实来实现。

在2007年之前，很多人大概都没有听说过HTC，虽然很多智能手机都是HTC设计与制造的，但打的都是欧美运营商的品牌，最多会在手机背面放一排小小的HTC字样，消费者很难知道这款手机是HTC制造的。

在HTC创立初期选择和运营商搭伙，也正是出于王雪红的经营战略选择结果，不然在各个国家打品牌，很容易让HTC耗损元气。当王雪红觉得是时候该做HTC品牌了，便毅然决定开始走企业品牌转型之路。

在王雪红身上，处处体现着受多元文化洗礼的低调、叛逆、独立以及好强的个性、美式直率行事的风格，使她做事总喜欢追根究底，对己对人都丝毫不放松。所以，威盛集团的职业经理人的自律能力都很高，他们在工作中对自己也极为苛刻，喜欢追求完美和细节。此外，威盛的文化包容性也很强，尤其是对宗教信仰的包容。在威盛，有三成员工都信奉基督，但这并不代表不信奉基督的员工就没有机会。对那些信奉基督的员工们，威盛有着更高的标准，因为他们是为上帝工作的。

点评:

在经济全球化背景下，文化冲突是一种客观现象，虽然给企业的管理方面带来挑战，但也能促进企业成长。在当前的跨国经营中，处理文化差异和冲突的策略大概有三种：第一种，忽略性战略。这种策略的好处是标准化和统一的全球合作模式，但却过于死板。第二种，最小化战略。这种策略的好处是能够进行基于地区差异的权变管理，但面临着分裂的危险。第三种，利用战略。为跨文化管理提供相互学习的便利，也易于地区间的协作，但面临着差异均衡、无秩序等危险。

从上面看，无论是哪种战略都是有利也有弊的，但是如果企业采用了适合企业的文化战略，就会将这种不利因素减少到最小值。在王雪红的企业中，有很多人才是来自不同国家，但王雪红能够根据每个国家人才的特点将他们安排到合适的地区和岗位上，这足以说明HTC有着很强的包容性文化。

十、生活管理哲学

虽然王雪红的丈夫陈文琦称王雪红是一个“该强势时绝不退让，对想要达成的改变会力争到底”的人，但生活中的王雪红却是个非常低调、亲切的人。王雪红是一个虔诚的基督教徒，基督教的信仰早已经融入了她的骨髓以及企业的经营管理理念中，即便是2012年面对着苹果、三星等国际巨头的挑战时，她依旧保持着乐观积极的心态。

的产品才能臻于完美。

“有问题了，我们就要找出来，分析原因所在，找到解决问题的方法，把事情做好；没有问题的时候，我们也会讨论，还有没有可以改进的地方？能不能做到更好？不光是出错的时候要追根究底，就是在结果看起来还不错的时候，也要深入……探寻是不是还有可以改善的余地，决不能满足于现状。”

点评:

作为管理者，一定要时刻严格要求自己，不管在什么情况下，都不能懈怠和放松。因为这涉及一个责任心问题，它将决定着行动质量，使企业行为具有可靠性，使企业愿景更具有可实现性。这种责任心在组织中通常可见的方面为创造、维持和鼓舞士气，这不仅是对管理者自身素质的要求，同时也是对组织准则和利益的考验要求。

成功的实现责任准则的创造，特别需要管理者具有责任感，即诚实和公正，并能够很好将这一责任信念传达给组织的其他成员。

止于至善

王雪红 V

至善就是美好，美好有不同的层面，我觉得对社会的责任、效率，还有创新，都是美好，止于至善对我来讲影响很大。

背景：

作为“最像王永庆的女儿”的王雪红，在企业经营管理理念上也尽得父亲真传，始终以“凡事要追根究底”、“永续经营”和“止于至善”作为自己的经营理念。

前面的两条在上面已经提及，这里就不再重复了。对于“止于至善”，王永庆是这样理解的：“如果企业的经营理念只是单纯为了赚钱，那么当它在赚到庞大的财富以后，由于目标已经达成，在经营态度上就有可能因为感觉不错而停滞不前，甚至产生懈怠，造成衰退。反之，如果企业在其经营理念上，能够同时兼顾本身利益的追求以及对社会的贡献，它才有可能基于对社会的使命感，持续不断努力追求更为良好的投资绩效，在赚取利润的同时，也同步对社会做出更大贡献。”

“止于至善”的原意是修养育人都必须达到完美的境界而毫不动摇。这其实是一种追求卓越的管理境界。古希腊哲学家亚里士多德认为“善”是第一推动者，指一切事物最后的目的和运动的最终原因。这个“善”也是一种思想，它是永无止境的。企业若遵循“止于至善”这一条经营理念，便能时时给自己以警示，不贪图现实的安逸，追求无穷的“至善”——完美境界。

这条经营理念在王永庆的经营管理中，分别以两种形式呈现出来，一是检讨能力，二是改善能力。对员工来说，检不检讨是“真”，如何检讨以达到“善”，最终达到“美”的境界才是管理哲学中所要追寻的。王雪红同样将这条经营理念融进了自己的经营管理中，她的“止于至善”主要表现在以下几个方面：

第一，不管做什么事，都不能短视，要有一种追求长远发展的眼光。不能被短期的一点点成功所诱惑，一定要坚定信念，往前走，这样才不会停滞不前。

第二，一定要追求完美。“完美”是一种境界，虽不能至之，但心向往之，追寻完美的过程是见证自己努力的过程，同时也是修身育人的过程。

正因为对“止于至善”的追求，王雪红才能为企业布置一个大的产业格局，超越企业的短期目标，朝着长远的“至善”境界发展，其中她低调入股TVB（香港电视广播有限公司），在业界看来，是王雪红在内容方面为将来布局做出的一个重要步骤。尽管隔行如隔山，但王雪红对这一场跨界运营很有信心，因为未来的IT业将是内容提供商大显身手的机会。要想谋发展，就必须要与内容提供商紧密联合在一起。

此外，王雪红深深懂得企业的发展离不开社会，因此，她始终秉承着“穷则独善其身，达则兼济天下”的理念，为社会做出自己的贡献：汶川、玉树地震时，王雪红捐赠了很多善款和物资；在贵州建立了内地第一所慈善大学；支持全国儿童计算机大赛；启动“PC—1计划”的主题活动等。

点评:

止于至善，其实在告诉我们：世界上没有完美的东西，正是由于没有完美的东西，才给了我们这样一个可以去追求完美的理由。在追求完美的过程中，眼光不能局限于某一点，更不能自私地认为，这个过程只是一味地追求功利和荣誉，它其实是一种和谐发展之美。

在企业的经营管理中，这种和谐，不仅是对于企业内部冲突和矛盾的化解，更是外部的良好战略联盟和产业链以及履行社会责任的使命。

“施工中”的人生告示牌

王雪红 V

人生就像基督身上挂着“施工中”的告示牌，既然在施工中，工地里一定是砖头、泥巴，一不小心踩到，随时都会跌倒。

背景：

很多工地在施工时，都会在墙面上或者显眼的地方写上“施工期间，给您的出行和生活造成的诸多不便，敬请原谅”。“人生就像基督身上挂着‘施工中’的告示牌，既然在施工中，工地里头一定是砖头、泥巴，一不小心踩到，随时都会跌倒。”对于人生，我们都不成熟，工地里一定会有砖头和泥巴将我们绊倒。

《圣经》告诉我们要彼此谦虚，彼此真诚，在爱人方面要常自以为亏欠，凡事切不可亏欠于人。在这方面，不论在经营企业中遇到什么困难，王雪红始终都以真诚和谦虚的心对待。

2003年，一个惊天的消息让正在旅途上的王雪红一下子哭了出来：她和陈文琦被台北“地检署”以违反著作权等罪嫌起诉，各被判处有期徒刑4年，原因是他们涉嫌指派工程师窃取竞争厂商的商业机密，而涉嫌担任商业间谍的工程师张至皓则被判刑3年。

张至皓是在1995年进入威盛公司的，担任市场部经理。检方友讯公司指控王雪红在2002年2月谋议张至皓进入友讯公司窃取一项价值不菲的商业机密。此前，友讯公司做了一项由经济部项目补助、经费几近一亿台币的研究计划，张至皓是该项目的工程师。就在这个计划完成后不久，友讯公司突然发现该计划在威盛的网页上出现。在这个计划结束后，张至皓重回威盛公司，并担任网络设计部经理。友讯发现当年张至皓在离开威盛后，同时领着友讯和威盛两家公司的薪水，并一直参加威盛的职工福利委员会。根据这一系列看似合理的“理由”，友讯判定威盛是幕后主谋。于是，检方友讯将王雪红等三人告上法庭。事实上，威盛公司并没有窃取友讯公司的研究计划，2000年年底，威盛统一更换了电脑系统，但并没有同时替换旧系统，导致张至皓及其他十六人溢付劳保，控告方友讯希望威盛辞去张至皓，主要是希望对外有个教训，只是没想到这件事会把王雪红和陈文琦牵入。对于张至皓有没有带回友讯的研发技术，王雪红并不知情。对此期间某周刊的报道王雪红心里十分难受，事后，她向信奉基督的母亲寻求帮助，母亲告诉她：有神与我们同在，没惊惶，要自在。听了母亲的话后，王雪红的心里有了些许安慰。

在此事之前，她曾答应信望爱基金会的同工去高雄看他们，因为此事而心情不好，所以就想取消这次行程，后来在一位姐妹的提醒下，她最终还是决定去了。

在飞往高雄的飞机上，王雪红感觉飞机上的很多人似乎都在看着她。当到达信望爱基金会后，王雪红得到了很多同工的安慰。与他们相比，王雪红感到自己特别渺小，于是她立刻认罪悔改，从负面的情绪中走了出来。当王雪红回到公司时，发现所有的主管都来公司上班了，而且每个人都对她微笑。所有的员工都知道王雪红是被冤枉的，他们的凝聚力因此而变得更强了。看着员工们对自己这么支持，王雪红的心里倍感温暖。之后，王雪红去了士林灵粮堂，把心中的不满、愤怒和委屈向牧师全部倾倒出来。王雪红非常感谢刘牧师和师母的倾听，同时感谢主。当她走出教堂时，觉得心灵的伤已经痊愈了。

"不经一事，不长一智"，事情演变至今日，王雪红认为威盛在律法上是存在失误的，若当初能与友讯多一些沟通，也许就不会发生今天的事情了。后来王雪红把整件事情的来龙去脉通过三张信向员工做了通报，并且通过元大证券，将说明信发给十几万威盛的股东，以稳定人心。

王雪红觉得以前自己在管理中有一些弊病，于是引进了一些新的管理制度。为了加强员工和管理者们的沟通，王雪红每个月都要发信件给员工，即使是刚来的人，这样可以让他们及时了解公司的策略。

对于这次被友讯公司指控的事，王雪红的看法是这样的："智慧财产权主要是保护自己。有钱大家赚，不一定要自己独大，我不认为我拥有专利权就应该告别人，应该也给一些小公司有生存机会。”王雪红可以告的公司非常多，而且一定会赢，但因有着这样宽容和仁慈的心，威盛才能在经历这么多困难后，依然坚强地屹立着。

点评:

费奥多尔·米哈伊络维奇·陀思妥耶夫斯基曾说：“令我痛苦的，从来就不是苦难,而是我是否配得上这苦难。”人生诚如王雪红所说的，就像基督身上挂着“施工中”的告示牌一样，既然在施工，就必定会遇到泥巴和砖头，一不小心就会跌倒。对于这些困难，我们该怎样去面对？带着一份真诚和勇敢的心去面对吧。

此外，在商场上，企业家还要彼此谦让和彼此真诚，常常自以为亏欠。只有保持着这样宽容和仁慈的心，才能带领企业走向更好的未来。

懒惰的人会很苦

王雪红 V

神一直告诉我，懒惰的人会很苦，你如果再睡的话，你的“粮仓”就要被别人抢光了。

背景：

拥有智慧的心和勤劳的身体的企业家，更能将事业做好，让企业的粮仓更加充实，让企业在市场中的阵地更加坚固。

王雪红说：“神一直告诉我，懒惰的人会很苦，你如果再睡的话，你的‘粮仓’就要被别人抢光了。”她非常勤奋，每天都会起得很早去晨跑，一跑就是四五千米。在一次威盛电子举行的运动会上，王雪红在十五分钟之内便跑完了三千米。

王雪红总是不停地跑步，风雨无阻，即使在出差生病的时候，她依然坚持。从另一个层面上说，威盛和HTC也是王雪红“跑出来”的神话。她曾经亲手将这两个企业推上“股王”的位置，并获得了“双手股推王”的称号，然而她并没有停止前进。因为王雪红知道懒惰的人会很苦，当年HTC之所以能反超诺基亚，是因为诺基亚很“懒”，没有意识到3G时代到来时自己所处的危险境地。为了吸取诺基亚的教训，王雪红将这种“勤奋”理念渗透到公司的文化里。

在高科技企业中，中国乃至亚洲企业似乎都是如此的“勤奋”。华硕董事长曾经这样感叹道：“为了能够赶上iPad，华硕的平板工程师好几个月都没有睡觉，我真的很感激他们。”而周永明也表达了自己的感慨：“我们是亚洲的公司，有时候要做世界级品牌，是很不容易的。”

在荣耀和重压之间，作为高科技产业“一介平民”的HTC，为了能够赶上苹果，王雪红制定了一套精密的战术手册，因为她知道唯有“勤奋”才能将粮仓填满。为此，王雪红给HTC的团队定制了一套与苹果差异化的竞争。与苹果一年一部策略不同的是，王雪红采取的是“机海战术”，这也让HTC很快在市场中站稳了脚步。

作为企业的领导者，王雪红比任何人都“勤奋”，以致一段时间过于努力，导致紧张而失眠。王雪红认为，高科技不进则退，所以，她总是处于无停地学习和忙碌之中。

有时候在等待记者采访时，她也不放下手中的工作。她一边摆弄着各式各样的手机，同时让一旁的员工告诉她其中最新的功能，并告诉记者说：“这些都是我们的产品哦，太多了，我都熟悉不过来，临时学习一下。”王雪红一面笑着向记者解释，一面“夸赞”着：“就这款机器……上回我拿给比尔·盖茨看，他说这是他看到的最先进的手机”！王雪红一直带着这些手机，和不同的记者见面。

对王雪红来说，工作中、生活中、学习中必须处处都要有勤奋精神，不然就会因“懒惰”被他人抢去固有的市场份额，将企业辛辛苦苦堆满的“粮仓”让给别人。

点评:

比尔·盖茨曾说过：“微软离破产永远只有18个月。”我们所见到的现象是，当事物发展达到相对平衡、和谐时，也正是事物发生逆转的时期。企业兴旺之时，恰恰可能是危机到来的时刻，因此企业应“居安思危”，并竭力将可能发生的风险减到最小。当不得不面对风险时，企业应尽最大努力确保风险和收益的相称，要对那些不可避免的风险制定一些保障性的机制和措施。

总之，最好的办法是实行“危机化管理”，不能让一丝一毫的“懒惰思想”侵入体内。

把付出当成一种款待

王雪红 V

我的心愿，就是要做威盛“中国芯”。这颗“中国芯”，既包括推动中国高科技的芯片之芯，同样包括了为广大同胞共享福祉而努力的心意之心。

背景：

一颗“中国芯”永远为公益事业跳动着。“我的心愿，就是要做威盛‘中国芯’。这颗‘中国芯’，既包括推动中国高科技的芯片之芯，同样包括了为广大同胞共享福祉而努力的心意之心。”在王雪红的眼里，威盛必须是这样的一家公司。自进驻大陆市场以来，威盛电子始终履行着一个优秀企业应该履行的责任。

首先，多年来情系青少年科普。1990年，邓小平提出“计算机的普及要从娃娃抓起”。为响应这一号召，威盛已经连续好几届赞助承办威盛“中国芯”中国儿童青少年计算机表演赛，并在全国各省，尤其是边远地区陆续设立了17个“威盛中国芯成长数字营”。尤其值得一提的是2012年在四川都江堰成立的友爱分站，成为国内第一家无障碍数字营。王雪红说，威盛有幸以自身的技术优势和创新产品，为中国电脑教育事业尽一份心力。在发展企业的同时，更加注重履行企业的社会责任，回馈社会。少年智则国智，少年强则国强。表演赛自创办之日到今天，千万个孩子从中获益。在未来，我们将继续坚持并做好这项对于国家富强、民族兴旺意义深远的事业。

其次，创办了国内首家慈善大学。2011年，国内首家慈善大学——贵州华盛职业学院于9月正式启动招生计划。王雪红秉承了父亲王永庆的教育扶贫理念，主要招录贫困地区学子，提供奖学金帮助他们完成学业。在考量学校建址地点时，王雪红唯一的要求就是“把学校建在最需要的地方”。按照学校章程的明文规定，创办者不分红，也不要求任何回报。同时，王雪红坚持的“教育是最基本的扶贫、教育是培养高尚的人”的理念，引起中国教育界的高度关注。

再次，从2006年开始，威盛启动“PC—1”计划。这个计划的主要内容是：利用自身产品低耗能高性能的优势与下游厂商合作研制出设计精良的PC，以便可以在各种恶劣的环境下使用。

最后，为促进两岸年轻人的交流互动，威盛还用科技和创新为青年搭建了一个通向未来的“时间芯片”。在2010年的世博会上，作为重要合作伙伴的威盛，不仅参与搭建了“EXPO2010全球青年创新之旅”之未来沟通馆，还冠名赞助了由共青团中央主办的“威盛中国芯·时间芯片”未来城市创想征集活动。此次活动的内容是，让全球青少年畅想未来城市中即将消失的和将要出现的事物，并将此次最佳的100件作品记录在由威盛设计的“时间芯片”里。更令人感到高兴的是，“时间芯片”还被中国载人航天工程办公室选定为“天宫一号”飞行器首个搭载物。

2009年9月，王雪红被评为“影响中华公益的60位慈善家”，这是对她多年来热心公益的一种肯定，同时也是对威盛集团积极履行社会责任的一种肯定。

点评：

这里主要提及的是企业对社会的责任。从商业的角度来看，可以从企业责任角度这样描述：创造经济、社会和环境价值。一个企业首要的责任，也是最重要的责任是发展自己的经济。没有利润，企业将无从发展，自然也就没有社会和环境价值了。

对社会的责任，也就是实现可持续发展，它本质上与公正的社会价值、正直、虔诚和社区、共同利益有关，也就是对股东、消费者以及社区和价值产业链上的厂家的责任。对环境的责任，要求企业必须致力于最低限度地使用能源和资源。

有问题，就要诚实面对

王雪红 V

有问题，就要诚实面对，只有谦卑，才会看到自己的弱点。

背景：

多元化战略是相对企业的专营化而言的，其内容包括产品的多元化、市场的多元化、投资区域的多元化和资本的多元化。很多企业为了能占领更多的市场和开拓新的市场，避免单一化的经营风险，往往会选择走多元化的经营之路。但多元化经营策略也会有“陷阱”，很多企业为了能尽快开拓疆土，往往只流于表面口号，对如何深入于此、生根发展壮大并不清楚。

他们看到哪个产品的利润高，就会一窝蜂而上，产品设计、营销模仿成风，最后企业也得不到发展。但威盛并没有出现这样的情况，而是成功地绕过了多元化陷阱。威盛集团旗下有很多企业，除了威盛电子之外，还有HTC、多普达、威汉、建达等30余家企业，业务更是涵盖了电子行业的多个领域，手机、PDA、PC的生产等。

在多元化经营策略中，宏达电子旗下的多普达（Dopod）是一个典型的成功案例。实际上，多普达是两家公司，一家是多普达国际股份有限公司，负责亚太区业务；一家是多普达通信有限公司，负责中国大陆业务。前面的公司成立于2002年7月，由威盛和HTC共同出资组建，在2007年5月被母公司HTC收购。后面的公司创立于2002年4月，创办人是有“多普达之父”之称的杨兴平，投资方有两个，一个是王雪红，一个是中国电子,2005年，王雪红收购了中国电子持有的多普达通信股份。尽管是一个母亲的两个孩子，并且都以“Dopod”作为营销品牌，但两家公司的LOGO标识是不同的，这就为两家产品的差异化提供了一个很好的方式。

可见，威盛是一家名副其实的多元化企业。对多元化，王雪红认为多个领域的成功，最重要的是每个领域都要精，有自己的核心技术和团队。其次，企业要在现有的基础上，向产业的上游和关键零部件方向发展，提高产品的附加值。

但有时候也会出现一些小错误。

2010年，拉斯维加斯的消费电子展上出现了一款大放异彩的双屏电子书Alex，其背后的公司叫SpringDesign，幕后的金主是王雪红。但这是一个迟来的礼物和惊喜，因为王雪红已经为此准备了四年。

SpringDesign是王雪红旗下的一家企业，但是给人的印象是地道的美资企业。早在2007年王雪红就相中了Alex的设计原型，在仅仅一个月的时间里便决定注资电子书行业，确立了做电子书的方向，但由于各种原因，电子书的成品迟迟没有出来。直到2010年，电子书Alex才出来。在这一点上，王雪红诚实地面对了自己的错误：想做的东西太多，导致很多时候无法投入。直到电子书Alex在100多款电子书中排名第一时，王雪红才稍稍感到安慰。

在这件事上，我们看到了王雪红诚实并谦虚的一面，有问题就要诚实面对，这也是王雪红做企业的心得。

点评:

由于王雪红没有正确地处理好时间问题，导致研发Alex电子书的计划拖了四年才得以实施，虽然后来这个失误被弥补上了，当面对失误时，王雪红诚实地面对了它。

为了避免类似的失误再次出现，企业在采取多元化战略时一定要先问自己以下六个问题：主营业务处于行业生命周期哪一段？主营业务的关键成功因素是什么？是否有足够的资源和能力去发展新业务？采取多元化的战略意图是什么？是否需要进行产融结合？是否有相应的法律政策环境？